Weltkultur - lokal

Zur verlorenen Öffentlichkeit des Hauses der Kulturen der Welt

Projektseminar „Kulturarbeit"
am Institut für Soziologie der Freien Universität Berlin
Frühjahr 2005 bis Sommer 2006

Das Projekt wurde geleitet von:

Frithjof Hager
Lehrgebiet Kultursoziologie und Anthropologie
Freie Universität Berlin, Institut für Soziologie

und

Klaus-Peter Pollück
Lehrgebiet Organisations- und Verwaltungssoziologie
Freie Universität Berlin, Institut für Soziologie

Gestaltung und Layout: Edna Linsen
Titelillustration: Sebastian Krauß

Soziologische Studien

**Sebastian Krauß,
Edna Linsen,
David Scheller (Hrsg.)**

Weltkultur – lokal

Zur verlorenen Öffentlichkeit
des Hauses der Kulturen der Welt

Shaker Verlag
Aachen 2008

Bibliografische Information der Deutschen Nationalbibliothek
Die Deutsche Nationalbibliothek verzeichnet diese Publikation in der Deutschen
Nationalbibliografie; detaillierte bibliografische Daten sind im Internet über
http://dnb.d-nb.de abrufbar.

Copyright Shaker Verlag 2008
Alle Rechte, auch das des auszugsweisen Nachdruckes, der auszugsweisen
oder vollständigen Wiedergabe, der Speicherung in Datenverarbeitungs-
anlagen und der Übersetzung, vorbehalten.

Printed in Germany.

ISBN 978-3-8322-6957-9
ISSN 1433-3546

Shaker Verlag GmbH • Postfach 101818 • 52018 Aachen
Telefon: 02407/95 96 - 0 • Telefax: 02407/95 96 - 9
Internet: www.shaker.de • E-Mail: info@shaker.de

Inhaltsverzeichnis

Vorwort *Frithjof Hager*	7
Einleitung *Sebastian Krauß, Edna Linsen und David Scheller*	11
Zur Dramaturgie des Hauses der Kulturen der Welt *Aliaksei Melnikau, David Scheller und Solveig Weller*	15
Zur Kultursemantik deutscher Politiker *Liese Hoffmann, Sebastian Krauß und Elisa Wolff*	51
Auswertung der Interviews im Abgeordnetenhaus *Dahlia Borsche und Laura Kraus*	57
Auswertung der Gruppe Kulturämter *Edna Linsen und Madlen Werner*	65
Abschlussbericht Gruppe Bezirksämter *Ishtar Aljabiri, Natacha Euloge und Yana Heussen*	69
Auswertung der Studentenbefragung *Simona Bifolco, Agita Duwe, Romy Eifert und Thomas Mathar*	81
Statistische Auswertung der Befragung *Agita Duwe und Romy Eifert*	85
Literatur	95
Über die Autorinnen und Autoren	99
Anhang	103

Vorwort

Frithjof Hager

Wer mit dem Touristenbus, vom Zoologischen Garten kommend, in den Tiergarten fährt, kommt auch am Haus der Kulturen der Welt (HKW) vorbei, das, idyllisch gelegen, mit kurvenreichem Dach und hohen Fontänen, die manchmal funktionieren, ganz so aussieht, als sei da nicht viel los. Ein paar Fahrräder, einige Autos und verschiedene Gestalten an der Bushaltestelle – das ist alles.

Anders wäre es, wenn es eine direkte Busverbindung zu diesem Haus, der alten Kongresshalle, geben würde; es könnten auch diejenigen diesen Ort besuchen, die nicht gern das Fahrrad benutzen oder auch kein Auto haben und auch nicht nach den abendlichen Veranstaltungen bei kaltem Wetter an der Busstation solange frieren wollen, bis endlich ein BVG-Fahrzeug, das nicht überfüllt ist, sie auch aufnimmt. So aber wird schon durch die umständliche Verbindung zur übrigen Stadt das HKW zu einer separaten Lokalität, schick für diejenigen, die sich dort gern mit ihresgleichen treffen wollen.

Ist ein derartiges Selbstverständnis noch zeitgemäß? In den neunziger Jahren des vergangenen Jahrhunderts, als Berlin sich gerade noch als provinziell verstand, konnte ein solches Elitebewusstsein noch internationale Veranstaltungen legitimieren, auch wenn es eigentlich doch nur rührte: wie nett war der Glaube, dass man hier in kultureller Exklusivität, auf allerhöchstem Niveau natürlich, zusammenkam. Das Besondere war oft nur das Absonderliche.

Aber heute? Heute noch so zu tun, als sei man die Avantgarde in den kulturellen Diskursen, die sonst doch kein anderer in unserer kleinen Stadt kennen kann – das ist eine Selbstillusionierung, die nicht mehr einleuchtet.

Das kriegen andere Institutionen in der Hauptstadt doch noch besser hin.

Und wer denkt inzwischen nicht mehr global? In diesen – inzwischen - beliebigen Abstraktionen redet auch das Automobilforum (und nicht unplausibel übrigens).

Was also zeichnet das Haus der Kulturen, wenn es eine Zukunft haben will, heute aus?

Die Studenten des Projekts »Internationale Kulturarbeit« am Institut für Soziologie der Freien Universität haben sich in einem dreisemestrigern Forschungsprojekt dieser Frage angenommen.

Ihre Ergebnisse können sich sehen lassen – ich fasse sie in eine Pointe zusammen: Das Haus der Kulturen der Welt hat sich in eine kulturelle Ecke gebracht und findet nicht mehr hinaus. Wer das große Programm New York – Berlin studiert, mit dem die Neueröffnung des Hauses 2007 gefeiert worden ist, erkennt: es ist wiederum die Faszination am (scheinbar) Auswärtigen, die die Veranstaltungen zu diesem Thema motiviert hat. Zwar gibt es ein wissenschaftliches Begleitprogramm, in dem auch die Stadt Berlin vorkommt, aber in der Hauptsache dreht es sich um jene Stadt, auf dem amerikanischen Kontinent, der uns, wie es aussieht, fern gerückt ist.

Aber das entspricht nicht der Realität. Warum sind keine Darstellungen wissenschaftlicher und künstlerischer Art gezeigt worden, die die Beziehungen zwischen beiden Städten aufgewiesen hätten?

Das ist das Dilemma des Hauses der Kulturen der Welt: es möchte das Fremde in die deutsche Hauptstadt importieren – dabei ist diese Fremde schon längst angekommen. In Berlin ist, da hier Menschen aus etwa 180 Nationen der Welt leben, die Welt der Anderen schon längst zu Hause. Das Fremde gibt es nicht mehr, nur noch Verschiedenheit.

Dieser Gedanke, er ist – natürlich – jedem, der über die Kulturen nachdenkt, geläufig, wird aber beinahe nie praktisch. Da steht das Vorurteil »denke global« davor.

Aber was kann denn dieser Spruch heute bedeuten?

Wo gibt es die Bildersprache, wo die filmischen, theatralischen und wissenschaftlichen Ausdrucksformen für das, was abstrakt als Netzwerk, Kooperation etc. beschrieben wird?

Das Denken in Relationen zwischen Orten und die Erkenntnis der Dynamiken, die in diesen Wechselwirkungen lebendig wird, ist ein anderes als das Denken, dass an anderen Orten andere Kulturen wirksam sind.

Und hier bietet Berlin selber bereits die größten Chancen. Wo hat sich das HKW mit den Bezirksämtern dieser Stadt, wo mit den städtischen internationalen Kulturen und Religionen verbündet? Wo wächst im Praktischen (und nicht lediglich über die Referate von akademischen Experten befördert) die kontinuierliche Zusammenarbeit mit den Studenten in der Stadt, die eben nicht alle aus deutschen Dörfern kommen? Dabei kann das Publikum der Studenten nicht nur ein - auch noch – zu förderndes studentisches Publikum sein. In welcher der Berliner akademischen Lehranstalten ist das HKW in Kontinuität anwesend?

Wie sieht denn die Arbeit des Hauses aus, das Vielfache der vielen Kulturen in der deutschen Hauptstadt zu veröffentlichen – außer eben in Veranstaltungen, die doch nur zu organisieren sind? Und die mediale Präsenz des HKW?

Wo in den Berliner Zeitungen erscheinen regelmäßige Beiträge über das Denken der Anderen, initiiert von diesem Haus?

Und so fort ...

Zu dieser noch anstehenden Aufklärung haben die Studenten dieser Untersuchung ihre Beiträge verfasst. Sie fordern dazu auf: lerne in lokalen Interdependenzen zu denken, dann wirst du auch globale Verknüpfungen verstehen lernen.

Frithjof Hager
Berlin, im Oktober 2007

Einleitung

der Herausgeber Sebastian Krauß, Edna Linsen und David Scheller

Mitten im Herzen Berlins, im politischen Zentrum der Republik, steht das Haus der Kulturen der Welt (HKW). Es hat sich der Präsentation außereuropäischer Kulturen und ihrer Künste verschrieben und auf diesem Gebiet wird ihm von vielen Seiten eine Vorreiterrolle bescheinigt. Doch trotz allen Lobes verstummen auch kritische Stimmen nicht, die im HKW einen Elfenbeinturm sehen und befürchten, dessen Kulturarbeit ziele an den Erfordernissen einer Stadt wie Berlin vorbei. Der rapide Wandel der kulturellen Welt und ihrer Abhängigkeiten zeigt sich in mehrfachen Brüchen der konkreten thematischen und programmatischen Ausrichtung, sowie den wechselnden Intendanzen in den 17 Jahren des Bestehens des HKW. Durch die Zusammenarbeit mit einem internationalen Pool von WissenschaftlerInnen, KünstlerInnen und KuratorInnen ist die permanente Selbstreflexion ein Teil der Arbeit des HKW geworden. Dennoch erweckt es den Anschein, als wäre das HKW nicht nur verkehrspolitisch im örtlichen Abseits, sondern schlimmer noch, kulturpolitisch in ein programmatisches Abseits geraten. Einer breiten berliner Öffentlichkeit ist das Haus unbekannt oder es wird nicht wahrgenommen. Der in Berlin alltäglich gelebte Kulturpluralismus erfordert eine Kulturpolitik, die auch der Stadt selbst gerecht wird.

Unter der Leitung der Dozenten Frithjof Hager und Klaus-Peter Pollück widmete sich ein Forschungsprojekt von Studierenden am Institut für Soziologie der Freien Universität Berlin dem HKW. Die übergreifende Fragestellung des Projekts lautete: Was zeichnet das HKW aus und welche Perspektiven ergeben sich aus seiner thematischen, organisatorischen und programmatischen Ausrichtung – hat das HKW seine Öffentlichkeit verloren? Im Laufe der Untersuchung kamen verschiedenste empirische Methoden zum Einsatz, mittels derer sowohl qualitative, als auch quantitative Aussagen getroffen werden konnten, die nun hier gebündelt vorgestellt werden sollen. Das auf drei Semester angelegte Forschungsprojekt begann im Frühjahr 2005 und gliederte sich in zwei Phasen mit jeweils eigenem thematischen Schwerpunkt.

Einleitung

Der thematische Schwerpunkt der ersten Phase bezog sich auf die Innenwirkung, die Ansprüche und Wirkungsweisen des HKW, sowie auf die Schnittpunkte zur Kulturpolitik und in die mediale Öffentlichkeit. Melnikau/Scheller/Weller untersuchten die Dramaturgie des HKW: Das Verhältnis von Organisationsstruktur und Programmgestaltung, unter Berücksichtigung kulturpolitischer Imperative und Perspektiven und ergänzend dazu die Kommunikationsarbeit. Eine Konzentration auf die zentralen Forschungsergebnisse des 125 Seiten füllenden Berichts[1] soll den Einstieg in die Thematik und Analyse gewähren. Es wird auf verschiedenen Ebenen den Fragen nachgegangen, welches Selbstverständnis das HKW an den Tag legt, d.h. welche kulturpolitischen Zielsetzungen werden formuliert - welchen wird gefolgt? Dies bildet den Kontext für eine sich anschließende Analyse der Programmatik des HKW der letzten 15 Jahre, wobei auch die kommunikativen Schnittstellen innerhalb des HKW, sowie die medialen Schnittstellen nach außen berücksichtigt wurden. Das Zentrum für diese Untersuchungen bildete die Durchführung und Auswertung von ExpertInneninterviews mit MitarbeiterInnen des HKW. Darüber hinaus wurden zahlreiche Dokumente und Zeitungsartikel durchgearbeitet und das Programm der letzten 15 Jahre systematisch analysiert und ausgewertet.

Diese nach Innen gerichtete Perspektive des HKW wurde in der zweiten Phase des Projekts durch ein heterogenes Ensemble von externen Perspektiven und Fremdbeschreibungen der Kulturarbeit des HKW erweitert. Diese Untersuchungen stützen sich sowohl auf das Befragungsinstrument des ExpertInneninterviews als auch teilstandardisierte Fragebögen. Es wurden Interviews mit VertreterInnen anderer Berliner Kulturinstitutionen, mit Mitgliedern des Bundestages, und verschiedenen politischen Institutionen und Studierenden geführt. Wenn man die Finanzierung des HKW durch den Bund in Rechnung stellt, dann erhält die Bundesebene besonderes Gewicht. So wird hier deutlich, wie das HKW zwischen den Stühlen steht: Zwischen den bundespolitischen Ansprüchen, die das HKW vorzugsweise auf das Repräsentieren von fremden Kulturen reduzieren einerseits und einer Stadt mit BürgerInnen aus 180 Nationen andererseits. Letzterem müssen wiederum die Berliner Kulturinstitutionen lokal gerecht werden. Vor diesem Hintergrund stehen die Studien dieses Bandes, die auf unterschiedlicher politischer Ebe-

---

[1] Der gesamte Forschungsbericht steht online zum Download bereit unter dem folgenden Link http://www.soziologie.cwc.tc/.

ne, Kulturämter, Bezirksämter und Landtag die Kulturarbeit des HKW aus deren lokalen Erfahrung beurteilen. Ziel dieser Untersuchungen war es zu extrahieren, welche Perspektiven aus thematisch verwandten Kreisen von Außen auf das HKW bestehen – von der Bundesebene über die Regionalebene bis zur kommunalen Ebene – und darüber hinaus auch eine mögliche Zielgruppe – die Studierenden – mit einzubeziehen.

Krauß/Hoffmann/Wolff haben sich auf Interviews mit Abgeordneten des Bundestags konzentriert, die Mitglied im Bundesausschuss für Kultur und Medien sind oder waren. Darüber hinaus wurden auch Interviews mit Angestellten im Ministerium für Bildung und Forschung geführt. Eine Schlüsselrolle bei der Auswertung der Interviews spielte die Frage: Hat das HKW eine Aufgabe und erfüllt es diese Aufgabe?

Borsche/Kraus widmen sich PolitikerInnen aus dem Ausschuss für kulturelle Angelegenheiten des Abgeordnetenhauses in Berlin. Ziel war es, ein Stimmungsbild über das HKW zu ermitteln, das die Frage beantwortet, welchen Stellenwert es als Kulturstätte in Berlin einnimmt. Ausgangspunkt war die These, dass das HKW zwar einen sehr guten Ruf genießt und als wichtige Institution angesehen wird, dass jedoch das Angebot nicht diesem Ruf zufolge genutzt wird.

Die Untersuchung von Linsen/Werner über die Außenwirkung des Hauses der Kulturen der Welt, bezog sich auf die Ebene der Kulturämter der Stadt Berlin. Dazu wurden Interviews mit MitarbeiterInnen der Bezirke Friedrichshain/Kreuzberg, Neukölln, Wilmersdorf/Charlottenburg und Steglitz durchgeführt. Die Befragung bezog sich auf LeiterInnen, sowie MitarbeiterInnen verschiedener Tätigkeitsbereiche der Kulturämter. Der Analyse auf Ebene der Bezirksämter widmeten sich Aljibiri/Euloge/Heussen. Die zentrale Fragestellung dreht sich hier um die Gründe der Befragten für einen Besuch des Haus der Kulturen der Welt bzw. für einen Nicht-Besuch hervorbrachten. Dazu wurden MitarbeiterInnen verschiedener Berliner Bezirksämter befragt.

Der nächste Beitrag erläutert das Vorgehen und die Ergebnisse der Studierendenbefragung. Um ein Gegengewicht zu den Meinungen aus Politik und öffentlichem Dienst zu gewinnen, haben Bifolco/Duwe/Eifert/Mathar Studierende verschiedener Kulturwissenschaften befragt. Im Zeitraum von November bis Dezember 2005 wurden insgesamt 37 Interviews an verschiedenen Hochschulen (Freie Universität Berlin, Humboldt Universität, Universität der Künste) durchgeführt. Dafür wurde ein teil-

Einleitung

standardisierter Fragebogen benutzt, damit auch weiterführende Dialoge zwischen den InterviewerInnen und den Befragten entstehen konnten.

Im letzten Beitrag werden die Ergebnisse der Studierendenbefragung statistisch ausgewertet und graphisch dargestellt.

Der inhaltliche rote Faden zieht sich somit von der innern Strukturiertheit des HKW und seinen Zielsetzungen, über die Programmgestaltung in die äußeren Strukturen der thematisch angrenzenden, beziehungsweise verwandten Institutionen. Und er führt schließlich, über die herausgearbeiteten Perspektiven der Studierenden wieder zurück ins Innere des HKW. Nun bestehen die Ansprüche der einzelnen Analysen nicht in einer Fundamentalkritik des HKW, zu der man den Einsatz von Kontrasttheorien benötigen würde. Stattdessen stellen die einzelnen, von Studierenden angefertigten, Arbeiten eine Problemlage scharf, die aus der Nähe zur Lebenswelt dieser Studierenden Authentizität beansprucht und gerade dadurch ihre Bedeutung erhält. Auf diese Weise machen die in diesem Band vorliegenden Aufsätze das HKW als einzigartige Institution interkultureller Arbeit zum Gegenstand einer kontroversen soziologischen Analyse.

Zur Dramaturgie des Hauses der Kulturen der Welt

Eine soziologische Untersuchung

Aliaksei Melnikau, David Scheller, Solveig Weller

Einleitung

Das Haus der Kulturen der Welt (HKW) nahm 1989 seine Arbeit auf. In der ehemaligen, 1956/57 erbauten, Kongresshalle in Berlin Tiergarten, dort wo sich heute das Regierungsviertel befindet, wurde ein Ort zur Präsentation außereuropäischer Kulturen geschaffen. »Als internationale Begegnungsstätte veranstaltet es Ausstellungen, Lesungen, Symposien, Workshops, Tanzperformances, Theateraufführungen, Konzerte, Festivals und Filmreihen.« (HKW 2005c)

Das HKW will sich heute als »(...) eines der führenden Zentren für zeitgenössische außereuropäische Kunst und Ort grenzüberschreitender Projekte und Fragestellungen« verstanden wissen. (vgl. HKW 2005b) Damit vertritt es einen progressiven Anspruch an seine eigene Arbeit und positioniert sich deutlich innerhalb der Berliner Kulturlandschaft.

Für diese Arbeit bildet Verhältnis von Organisationsstruktur und Programmgestaltung, unter Berücksichtigung kulturpolitischer Imperative und Perspektiven, den spezifischen Untersuchungsgegenstand. Ergänzend dazu wurde die Kommunikationsarbeit des HKW berücksichtigt. So kristallisierten sich vier thematische Schwerpunkte heraus – »rote Fäden« – denen mit empirischen Mitteln gefolgt wurde. Dementsprechend werden diese Dimensionen inhaltlich einzeln erläutert. Die spezifischen methodischen Vorgehensweisen sollen hier nicht genauer erläutert werden, sondern nur die allgemeinen Ansätze angeführt werden. Es geht hier vorrangig darum die Forschungsergebnisse vorzustellen.[1]

---

[1] Der gesamte Forschungsbericht steht online zum Download bereit unter dem folgenden Link http://www.soziologie.cwc.tc/.

Zum Abschluss des Berichtes werden die einzelnen Ergebnisse zusammengeführt und in einem Resümee die forschungsleitende Hypothese geprüft.

Das Ziel dieser Arbeit ist es, das HKW im Spiegel des eigenen Anspruchs sowie den Erfordernissen der Stadt Berlin und der repräsentierten Kulturen zu beleuchten. Dabei ergeben sich vielerlei Fragen, wie zum Beispiel: Welche Ansprüche verfolgt das HKW oder welches Idealmodell liegt diesen zugrunde? Welches Realmodell ergibt sich aus der Arbeit des Hauses? Decken sich diese beiden Modelle? Besteht eventuell eine Diskrepanz zwischen dem Idealmodell und dem Realmodell, die in den verschiedenen Themengebieten ersichtlich werden würde? Und schließlich, welche Wirkung hat das HKW nach außen?

Es geht uns hierbei nicht darum, dem Haus der Kulturen der Welt konkrete Vorschläge zu machen, sondern Potentiale aufzuzeigen und für eventuell bestehende Widersprüche und Probleme zu sensibilisieren.

Methodendarstellung und Hypothesen

Zu Beginn unserer Arbeit sahen wir uns mit der Frage konfrontiert, mit welchem methodischen Vorgehen wir unseren Forschungsgegenstand bearbeiten sollten. Da wir uns dem Haus der Kulturen der Welt (HKW) explorativ nähern wollten, entschieden wir uns für den Weg der qualitativen Sozialforschung. (vgl. Froschauer/ Lueger 1998, S.7)

Zunächst versuchten wir uns dem HKW über die Formulierung einer zentralen Fragestellung zu nähern. Aus dieser wurden die Hypothesen abgeleitet, die als Klammer der gesamten Arbeit zu betrachten sind.

Wichtig war die Klärung der Frage, auf welchem Wege die verschiedenen Informationen zu ermitteln seien. Es wurde entschieden, Interviews zu führen sowie Dokumente zu den einzelnen Fragestellungen zu sammeln und diese auszuwerten. Dadurch ergaben sich zwei zunächst getrennte Herangehensweisen, die auch methodisch zu erarbeiten waren. Es musste entschieden werden, auf welche Art und Weise die Interviews durchgeführt und welche Dokumente erhoben werden sollten. Doch mit dem Modell der inhaltlichen Strukturierung nach Mayring fanden wir eine Methode, mit der sich sowohl die Interviews als auch die Dokumente ähnlich auswerten ließen. (vgl. Mayring 1988, S.82) Auf der folgenden Seite ist diese Methode grafisch dargestellt.

Zur Dramaturgie des Hauses der Kulturen der Welt

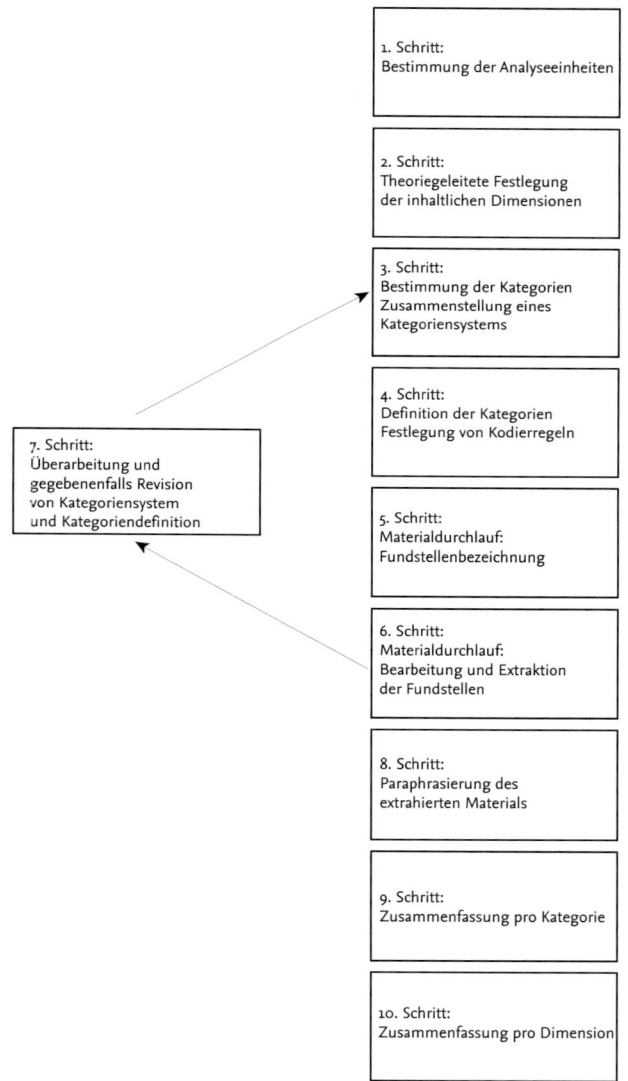

Abb. Ablaufmodell einer inhaltlichen Strukturierung nach Mayring (1988), modifiziert.

In dieser Fassung des Textes soll vorrangig auf die forschungsleitenden Hypothesen eingegangen werden. Die Vorgehensweise bei den ExpertInnen-Interviews (Vorbereitung, Durchführung, Auswertung) und die Kriterien der Dokumentenanalyse können hier nicht eingehend erläutert werden (Verweis auf Internetfassung). Im Anhang finden sich Angaben zu den interviewten Personen, der Interview-Leitfaden sowie die Dimensionen für die Auswertung.

Hypothesen

Nach Formulierung und Eingrenzung des Forschungsgegenstandes sowie der Festlegung der Aufgabenfelder, hat sich die Arbeitsgruppe entschieden, ihre Forschung in der Form eines Hypothesentests durchzuführen. Dazu war es zunächst einmal notwendig, die forschungsleitenden Hypothesen zu formulieren, bevor die Interviews und weitere deskriptive Untersuchungen durchgeführt werden konnten. Die Hypothesen sind somit ebenso Grundlage der weiteren Arbeit als auch der daraus zu folgernden Erkenntnisse.

Es schließt sich nun eine kurze Rekonstruktion der Eingangshypothese an, gefolgt von den abgeleiteten Hypothesen.

Eingangshypothese

Es wird davon ausgegangen, dass sich die Struktur und das ideelle Fundament einer Organisation wesentlich auf die Arbeitsweise der ihr angehörigen Mitglieder und die Ergebnisse deren Arbeit auswirken. Außerdem nehmen wir an, dass sich dies im Falle einer kulturellen Institution wie dem HKW auch in der Publikums- und Medienresonanz niederschlägt. Umgekehrt sollte diese wiederum auf die Arbeit des HKW rückwirken. Anders gesagt, es geht um die Wechselwirkung zwischen der Arbeit des HKW und der »Außenwelt«. Es ist davon auszugehen, dass ein wechselseitiges Verhältnis von Innen und Außen besteht, demnach lautet die Eingangshypothese dieser Arbeit:

»Die Innenwirkung des Hauses der Kulturen der Welt gleicht der Außenwirkung des Hauses der Kulturen der Welt.«

Abgeleitete Hypothesen

Ausgehend vom Gegenstand und der Eingangshypothese wurden vier verschiedene Arbeitsfelder ausdifferenziert. Im Verlauf der eingehenderen thematischen Auseinandersetzung mit dem HKW als Forschungsgegenstand, wurden bezüglich dieser vier Schwerpunkte weitere Hypothesen abgeleitet. Zusätzlich wurde eine weitere Hypothese zum Kulturbegriff des HKW gebildet, da dieser eine zentrale Stellung einnimmt und themenübergreifend in Erscheinung tritt.

Im Folgenden sollen zunächst die Vorüberlegungen kurz rekonstruiert, anschließend die daraus folgenden Hypothesen präsentiert werden.

Kulturpolitische Ausrichtung

Da das HKW keine autonome Institution darstellt, soll das Verhältnis zu ihrem organisatorischen und finanziellen Kontext betrachten werden. Das Haus ist einerseits über die KBB in die Kulturlandschaft Berlins und Deutschlands eingebunden, andererseits ist anzunehmen, dass die verschiedenen geldgebenden Institutionen gewisse Ansprüche und Erwartungen an das Haus stellen.

Zunächst muss also geklärt werden, um welche Institutionen und Geldgeber es sich hierbei handelt und wie stark deren Positionen im Einzelnen sind. Außerdem ist es wichtig festzustellen, welche Erwartungen beziehungsweise Anforderungen von deren Seite an das HKW gestellt und wie diese umgesetzt werden. Gibt es eine Einflussnahme? Wenn ja, wie sieht diese konkret aus?

Da es im Rahmen dieser Arbeit nicht möglich sein wird, diese Problematik vollständig zu klären, haben wir uns entschlossen, konkrete finanzielle Details außen vor zu lassen. Es kann hier nicht der Einfluss der fördernden Institutionen im Besonderen erschöpfend geklärt werden, sondern es soll vielmehr der theoretische, kulturpolitische Rahmen – in dem das HKW positioniert ist – in den Blick genommen werden. Gibt

es möglicher Weise einen vorgegebenen kulturpolitischen Kurs für das HKW, dem es zu folgen hat? Die erste abgeleitete Hypothese lautet:
»Tragende Institutionen und Geldgeber haben Einfluss auf die kulturpolitische Ausrichtung des HKW.«

Kulturbegriff

Das Haus der Kulturen der Welt definiert sich in einer Selbstdarstellung als »(...) eines der führenden Zentren für zeitgenössische außereuropäische Künste und ein Ort grenzüberschreitender Projekte.« (vgl. HKW 2005b) Damit grenzt es sich von jeglichen Assoziationen ab, es sei konzeptionell eine Art »Völkerkundemuseum«. Im 21. Jahrhundert erscheint eine territoriale oder gar ethnische Grenzziehung zwischen als homogen betrachteten Kulturen überholt oder wenigstens äußerst problematisch.

Zeitgenössische Kunst steht heute im Kontext einer globalisierten Welt, hybrider Kulturen und Identitäten und nicht zuletzt eines globalisierten Kunstmarktes. Die Künstler selbst agieren inzwischen weltweit und reflektieren ihre traditionelle Prägung im Kontext einer sich demokratisierenden internationalen Kunstszene. Sie gehören einem Netzwerk an, dass seine eigenen Diskurse führt und seine eigenen Habitus herausgebildet hat.

Tendenziell handelt es sich hier um ein völlig anderes Kunstverständnis, das sich ebenso von tradierten Kulturdefinitionen lossagt, wie auch versucht neue Formen der Kulturvermittlung zu etablieren. Richtet man den Fokus – unter dem Verdacht der Selbstreferenzialität einer elitären, internationalen Kunstszene – auf diese Problematik, so kann eine zur Kulturpolitik ergänzende Hypothese formuliert werden:

»Das HKW hat einen progressiven und elitären Kulturbegriff. Es ist nicht das Haus der Kulturen der Welt sondern das Haus der Weltkultur.«

Programmgestaltung

Seit 1989 veranstaltet das Haus der Kulturen der Welt Programme. Im Laufe der Jahre waren an der Programmgestaltung des Hauses viele verschiedene Verantwortliche, Intendanten, Kuratoren und KünstlerInnen beteiligt. Diese haben jeweils auf die Ausrichtung der Inhalte Einfluss genommen.

Es wird vermutet, dass mit den personellen Veränderungen auch programmatische Entscheidungen einhergingen. Diese wurden möglicherweise sowohl von inneren organisatorischen, als auch von äußeren soziopolitischen Veränderungen beeinflusst und hatten wiederum Rückwirkungen auf die Wahrnehmung des Hauses von Außen. Es kann diesbezüglich angenommen werden, dass sich die Publikumsstruktur parallel dazu gewandelt hat.

Bereits bei den Vorbereitungen zu dieser Forschungsarbeit wurde deutlich, dass es unter Hans-Georg Knopp zu einer neuen Orientierung der gesamten HKW-Arbeit gekommen ist. Die Neu-Profilierung des Hauses hatte wahrscheinlich auch Einfluss auf seinen Status innerhalb der Berliner Kulturlandschaft.

Zusammenhänge zwischen dem gemutmaßten Wandel des Hauses, der Wirkung nach Außen und dem Echo darauf sind naheliegend, müssten aber in Verbindung mit der Eingangshypothese (s.o.) geprüft werden. An dieser Stelle soll die Hypothese lauten:

»Die Programmgestaltung des HKW hat sich seit dessen Entstehen inhaltlich gewandelt.«

Organisationsstruktur

Das HKW sieht sich als interdisziplinäre Organisation. Daher könnte der Eindruck entstehen, dass die einzelnen Arbeitsbereiche des Hauses nicht in einem hierarchischen Verhältnis zu einander stehen, sondern vielmehr gleichbedeutend in ein Netzwerk eingebunden sind. Ob nun aber eine Institution wie das HKW, ohne Hierarchien auskommen kann und inwiefern das im Widerspruch zum Ideal der Interdisziplinarität steht, soll mit der vierten abgeleiteten Hypothese problematisiert werden:

»Hierarchien beeinträchtigen den interdisziplinären Anspruch des HKW«

Kommunikation

Wir denken, dass für eine Institution eine gut funktionierende Kommunikation konstitutiv ist. Um erfolgreich arbeiten zu können, sind Konzepte zur kommunikativen Anschlussfähigkeit, wie auch zur Übersetzungsarbeit – sprachlich und kulturell – von besonderer Bedeutung.

Für diese Untersuchung sollen die Kommunikationsprozesse innerhalb des HKW sowie die Kommunikation des Hauses mit seiner Umwelt in den Blick genommen werden. Dabei wären mögliche Fragen, welche konkreten Formen diese annimmt und wo es eventuell Schwierigkeiten gibt: Wer kommuniziert wie mit wem? Wie laufen Informationen? Wie werden Entscheidungen herbeigeführt? Gibt es Widerstände, wie äußern sich diese? Was dringt davon nach außen? Wie wirkt das HKW nach außen? Daraus lässt sich die folgende Hypothese ableiten:
»Das HKW hat Probleme, seine Arbeit kommunikativ zu vermitteln.«

Hypothesenprüfung

Da wir es hier mit einer qualitativen Studie zu tun haben, sollten die Hypothesen nicht im Sinne quantitativer Sozialforschung verstanden werden. In unserem Falle sind sie ein Mittel zur Strukturierung des Forschungsinteresses. Sie dienen der Formulierung bestimmter Fragen, die sich aus dem Untersuchungsgegenstand herleiten. Diese Fragen müssen nicht vollständig beantwortet werden, geben aber Anhaltspunkte für mögliche Antworten und daran anschließende weitere Fragen. Ziel der Arbeit ist es also nicht, allgemeingültige Aussagen zu finden. Das Hypothesenkonstrukt ist stattdessen für die Annäherung an Problemstellungen gedacht, die in Verbindung mit dem Objekt der Forschung aufscheinen. Die Prüfung der Hypothesen führt damit zu einer aspekthaften und zeitlich gebundenen Interpretation von, in der Auseinandersetzung mit Ausschnitten der HKW-Wirklichkeit entwickelten, Bedeutungszusammenhängen.

Forschungsergebnisse

Nachdem nun das methodische Vorgehen der Forschungsgruppe grob nachgezeichnet wurde, soll sich nun der inhaltliche Hauptteil anschließen. An dieser Stelle werden die Ergebnisse aus den ExpertInnen-Interviews mit den Ergebnissen der Dokumentenanalysen zusammengebracht. Dies geschieht wiederum gesondert nach den entsprechenden Dimensionen. Da in der Dokumentenanalyse verschiedenste Medien und Methoden zum Einsatz kamen, werden die folgenden Texte keine einheitliche Form aufweisen. Dennoch wird am Ende eines jeden Abschnittes die jeweiligen forschungsleitenden Hypothesen geprüft und eine entsprechende Bilanz gezogen werden.

Zunächst soll für die kulturpolitischen Zielsetzungen eine Art Bestandsaufnahme getroffen werden, und zwar bezüglich der Formulierung von Leitlinien innerhalb des Hauses der Kulturen der Welt (HKW) seit dem Intendantenwechsel 1998 und der von außen an das Haus herangetragen kulturpolitischen Leitlinien jener staatlichen Institutionen, in die das Haus finanziell und institutionell eingebettet ist.

Beim Kapitel Programmgestaltung wird der Versuch unternommen, eine inhaltliche Akzentverschiebung von den vergangenen zu den gegenwärtigen Programmen aufzuzeigen. Es wird erläutert, welche Schlüsse aus den Programmen der letzten Jahre gezogen werden können. Außerdem soll Anhand der Schilderungen aus den Interviews nachvollzogen werden, wie die Programmgestaltung momentan abläuft.

Dem schließt sich eine Analyse des Organisationsaufbaus und der Perspektiven aus dem Haus auf seine organisatorische Konstitution und Praxis an. Hierbei wird rekonstruiert, ob sich bestimmte ideelle Vorgaben in der Struktur des HKW niederschlagen und inwiefern dadurch die Zusammenarbeit der HKW-MitarbeiterInnen geprägt wird.

Zum Schluss werden die kommunikativen Zusammenhänge, in denen das HKW steht, geprüft. Einer Darstellung der internen und externen Kommunikationsformen sowie der Selbsteinschätzung durch die MitarbeiterInnen wird das Bild, das in der regionalen Presse vom HKW gezeichnet wird, gegenüber gestellt. Wir werden sehen, ob sich Selbst- und Fremdwahrnehmung ähneln oder ob sie divergieren.

Kulturpolitische Zielsetzungen

»Tragende Institutionen und Geldgeber haben Einfluss auf die kulturpolitische Ausrichtung des HKW.«

Das HKW ist nicht nur finanziell und organisatorisch in das Netzwerk der Auswärtigen Kultur- und Bildungspolitik der Bundesrepublik eingebunden. Die kulturpolitische Rahmung schließt das HKW explizit mit ein. Sowohl bezüglich der Repräsentation einer offenen, dialogfähigen deutschen Kulturpolitik nach außen, als auch der Präsentation außereuropäischer Künste und Kulturen nach Innen, genießt das HKW hohes Ansehen innerhalb der Bundesrepublik. Darüber hinaus scheint es, als würde das HKW weltweit als eine renommierte Anlaufstelle zur sensiblen Auseinandersetzung und Präsentation zeitgenössischer Kunst wahrgenommen werden.

Welchen direkten Einfluss die tragenden Institutionen im Detail auf das HKW ausüben, ist schwerlich zu klären. Fakt ist, dass sowohl verschiedene MinisterInnen, als auch die/ der Beauftragte der Bundesregierung für Kultur und Medien (BKM) über den Vorstand der Kulturveranstaltungen des Bundes in Berlin (KBB) in gewisse Fragen und Prozesse der kulturpolitischen Ausrichtung des HKW mit eingebunden sind. Klar geworden sein dürfte aber auch, dass das HKW seiner Dramaturgie ein deutlich anderes Konzept von interkultureller Arbeit zugrunde legt als es von den Institutionen vertreten wird. Dass das Auswärtige Amt als oberste Instanz in diesem Kontext einen allgemeineren politischen Anspruch verfolgt, erscheint geradezu banal. Doch auch die direkt das HKW fördernden Instanzen, die Kulturstiftung des Bundes und die Beauftragte der Bundesregierung für Kultur und Medien, gehen von teilweise grundlegend verschiedenen Prämissen bezüglich des Umgangs mit auswärtiger Kultur- und Bildungspolitik nach Innen aus.

Vertritt man dort noch das Konzept der »kulturellen Zweibahnstrasse« (Auswärtiges Amt), so lehnt man dieses im HKW kategorisch als veraltet ab und fordert einen »Dialog auf Augenhöhe« (Knopp). Der viel diskutierte »Dialog der Kulturen« und das Voranbringen des selbigen steht natürlich auf einer jeden Agenda aller Beteiligten. Doch die sensible Herangehensweise und Reflexion der eigenen eurozentristischen Perspektive, die sich vom nunmehr überholt erscheinenden Paradigma von Zentrum und Peripherie verabschiedet, macht letztlich den entscheidenden Unterschied aus, den das HKW auszeichnet.

Besonders deutlich werden differente Akzentuierungen in den Kategorien, die verwendet werden, um den Kontext und die Zielsetzungen der interkulturellen Arbeit zu bestimmen. Ist auf der einen Seite noch von »deutscher Kultur« (Auswärtiges Amt) die Rede, so lehnt man im HKW, die einer solchen »Staatskultur« (Knopp) implizite Homogenitäts-Prämisse strikt ab. Natürlich soll hier keineswegs der auswärtigen Kultur- und Bildungspolitik ein simpler Nationalismus unterstellt werden. Es könnte allerdings als ein Indiz für die negative Auslegung eines erweiterten Kulturbegriffes geltend gemacht werden, denn allzu leichtfertig werden im Zusammenhang von sicherheits- und geopolitischen Anforderungen »Kulturen« gegeneinander aufgestellt. Auch wenn es darum geht, die Menschen für die »kulturellen Wurzeln Europas« (BKM) zu sensibilisieren, um eine »gemeinsame Identität der Europäer« (BKM) in einem positiven Sinne zu etablieren, besteht die Gefahr, mit dem Rückgriff auf nicht mehr zeitadäquate, bipolare Konzeptionen »Kultur«, dem eigentlich gewollten interkulturellen Dialog entgegenzuwirken. Nicht nur das alteritäre Konzept von Zentrum und Peripherie oder auch Orient und Okzident kommt dabei zum tragen und verhindert einen tatsächlichen »Dialog auf Augenhöhe« (Knopp). Es werden auch kommunikative Potentiale innerhalb Europas und seiner kulturellen Vielfalt abgeschnitten, die sich ebenso wenig auf nationale Kulturen beschränken lassen. Das HKW operiert diesbezüglich mit dem Paradigma der »Hybridität von Kultur« (Haustein). Demnach sei eine der wichtigsten Veränderungen die weltweite Gleichzeitigkeit kultureller Bilder, die mit der Globalisierung und einer medialen Vernetztheit einhergehen. Das HKW schenkt darüber hinaus eben jenen problematischen Implikationen, wie Eurozentrismen, seine Aufmerksamkeit und stellt sich den Ambivalenzen einer europäischen Geschichte, die nicht ohne die Reflexion des Imperialismus und Kolonialismus zu denken sind. Dabei hat man sich vom Konzept der »einen Moderne« zugunsten der »multiplen Modernen« verabschiedet, und das nicht nur auf künstlerischer Ebene.

Anders formuliert könnte man zusammenfassend sagen, das HKW bewegt sich mit seiner Konzeption von interkulturellen Dialogen und seiner anknüpfenden Praxis zwar innerhalb der Rahmung der Auswärtigen Kulturpolitik, im Kern geht es aber über die Prämissen der jeweiligen Institutionen hinaus. Eben dies macht offenbar den besonderen Status des HKW innerhalb dieses Feldes/ Diskurses und auch sein entsprechendes Selbstverständnis aus. Die Ausnahmestellung und Leuchtturmfunktion, die dem HKW sowohl von Außen als auch von Innen zugeschrieben wird, speist sich aus der reflektierten, sensiblen Arbeit, die stets den Anspruch vertritt en vogue fundiert zu sein.

Die wesentliche Basis dafür dürfte die wissenschaftliche und kulturtheoretische Grundlegung seiner Zielsetzungen darstellen. Zum einen liegt dies vermutlich in einem entscheidenden Maß am anspruchsvollen und hohen Reflexions-Niveau der Belegschaft des HKW im Allgemeinen, sowie an deren Eingebundenheit als ExpertInnen in spezifische künstlerische, wissenschaftliche und kulturpolitische Diskurse im Besonderen. Des weiteren trägt auch die aktive Involvierung des HKW in ein weltweites Netzwerk von KünstlerInnen und WissenschaftlerInnnen dazu bei, am Puls der Zeit zu bleiben und immer neue Standards setzen zu können. Eine wesentliche Voraussetzung dafür scheint, neben einer finanziellen Sicherheit, eine gewisse Autonomie des Hauses zu sein.

Wurde bezüglich dieser Hypothese einseitig der Einfluss der fördernden Institutionen auf das HKW problematisiert, so wäre die Umkehrung dieser Fragestellung mindestens ebenso interessant. Welchen Einfluss hat das HKW auf die kulturpolitischen Institutionen in der Bundesrepublik? Oder anders: Welche nachhaltige Wirkung hat das HKW auf diese Institutionen und den kulturpolitischen Diskurs über interkulturelle Fragestellungen?

Kulturbegriff

»Das HKW hat einen progressiven und elitären Kulturbegriff. Es ist nicht das Haus der Kulturen der Welt sondern das Haus der Weltkultur.«

Es wurde mindestens ein großer pragmatischer Wechsel in der Zeit seit dem Bestehen des HKW vollzogen. Dem Bruch mit dem »Multikulturalismus« wurde sowohl in den Interviews als auch in den analysierten Dokumenten eine zentrale Rolle eingeräumt. Dabei entsteht nicht nur der Eindruck von außen, sondern es wurde auch explizit aus dem Inneren des Hauses heraus, eine unhintergehbare Notwendigkeit zu diesem Schritt betont. Zwingend notwendig war der mit dem Bruch einhergehende Paradigmenwechsel im Zuge einer wissenschaftlichen Neubestimmung des Umgangs mit »Kultur« geworden, die wiederum sich verändernde gesellschaftliche Verhältnisse zu erfassen suchte. Mit dem Anspruch, dem sich permanent verändernden Gegenstand in entsprechender Weise zu begegnen und gegebenen Falles die eigene theoretische Basis zu reformulieren, lässt man sich jedoch mit keiner geringeren Notwendigkeit auf ein Dilemma ein.

Eine progressive Position zu vertreten und ständig aufs Neue zu beziehen, geht einher mit der Offenheit und Bereitschaft zum wiederholten Bruch mit bestehenden Deutungsmustern und der Aktualisierung von herkömmlichen Vokabularen. Verabschiedet man sich von der Kontinuität und Homogenität der Kultur, so bedarf es unbesehen einiger Anstrengung; oder besser gesagt einer intensiven Übersetzungsarbeit um dies zu vermitteln. Wird das Vertraute in Frage gestellt – also ebenso die eigene Position, wie die Position der »Anderen« dekonstruiert – so ist eine gewisse Latenzzeit der Übersetzungen gewissermaßen vorprogrammiert. Da bekanntlich das Infragestellen des eigenen sicheren Bodens nicht jedermanns Sache ist, erscheint schon im Grunde dieses Aktes die Exklusion einer breiten Masse irgendwie unausweichlich, auch wenn der Terminus »Hochkultur« nicht explizit gebraucht wurde.

Man könnte es auch so formulieren: Der hohe Anspruch des HKW an sich selbst und seine Programme muss in einer gewissen Weise mit den Ansprüchen und Vorstellungen seines Publikums korrespondieren. Der akademische Hintergrund des HKW spiegelt sich zum einen also im theoretisch fundierten Umgang mit interkulturellen Praktiken, zum Anderen aber auch in der spezifischen Struktur des erreichten Publikums, das sich weitestgehend aus einem akademischen Background rekrutiert. Auch wenn das HKW ausdrücklich den Anspruch verfolgt, ein möglichst breites Publikum zu erreichen, stößt es doch immer wieder unweigerlich an distinkte Grenzen zwischen verschiedenen sozialen Milieus und ihren entsprechenden Habitus.

Mit dem Anspruch zur permanenten/ immerwährenden Aktualisierung der eigenen theoretischen Basis und der Eingebundenheit in aktuelle und hochreflektierte wissenschaftliche Diskurse wird klar, dass das HKW ständig angehalten ist, Neuland zu betreten. Dazu bedarf es einer progressiven Offenheit bezüglich der Definition von »Kultur« ebenso, wie dem steten Bruch mit institutionell ausgehandelten Definitionen der selbigen, deren zeitadäquater Stand gleichzeitig, aber indirekt problematisiert wird.

Der anspruchsvolle Versuch, einen wirklichen »interkulturellen Dialog auf Augenhöhe« (Knopp) zu führen und im Umgang mit dem so genannten »Fremden« über rein sozialpolitische Prämissen hinaus zu kommen und ästhetische und künstlerische Aspekte ebenso zu berücksichtigen wie diese nicht zu exotisieren, stellt genau genommen wohl noch immer eine Ausnahme innerhalb der kulturpolitischen Landschaft der Bundesrepublik dar.

Die Ausnahmestellung, die vom HKW sowie von den tragenden Institutionen betont wird, kann nicht getrennt betrachtet werden von einem gewissen common sense zur Fassung von »Kultur«. Dieser common sense drückt sich mit leichten Akzentverschiebungen sowohl in den kulturpolitischen Rahmungen der Institutionen aus, als auch in Praktiken und Diskursen breiter gesellschaftlicher Schichten. Gemeint ist hier die, dem Konzept der »kulturellen Zweibahnstrasse« (Auswärtiges Amt) zu Grunde liegende binäre Logik, die darin wohl schon ihr fortgeschrittenstes Reflexionsniveau erreicht hat.

Fungiert das HKW als eine Art Leuchtturm im interkulturellen künstlerischen Feld, so tritt es doch offensichtlich das Erbe einer Avantgarde an, die zwar alle erreichen will, aber letztlich doch nur ihresgleichen erreicht. Im weitesten Sinne spiegelt sich dies auch in Publikumsanalysen, wonach vorrangig eine akademisch vorgebildete Schicht – eine intellektuell und künstlerisch interessierte Elite – die Programme des HKW besucht. Ein »interkultureller Dialog auf Augenhöhe« (Knopp) sollte allerdings nicht nur auf der Ebene der Eliten angestrebt werden, sondern sich auch bis in den kleinsten Winkeln der alltäglichen Praxi zu etablieren suchen.

Durch die Zusammenarbeit mit KünstlerInnen, KuratorInnen und WissenschaftlerInnen aus aller Welt, die einen ähnlichen Ansatz und ein ähnliches Selbstverständnis wie das HKW vertreten, kann natürlich das Feld der aktiven Partizipienten auch international als äußerst eingeschränkt betrachtet werden. Ein möglichst breiter Konsens in Bezug auf den gegenseitigen Umgang und sich anknüpfende Möglichkeiten zu einem kooperativen Prozess der Programmgestaltung bezieht sein Potential maßgeblich aus theoretischen Prämissen einer bestimmten Diskursethik. Diese ist grundlegend bestimmt durch gegenseitigen Respekt und die Anerkennung des spezifisch Anderen, ohne in hierarchische Deutungs- und Vermittlungsmuster zu verfallen. Diese diskursethischen Prämissen können als eine entscheidende Grundlage eines interkulturellen Diskurses überhaupt bezeichnet werden.

Das soll nun aber nicht heißen, dass sich dahinter eine Art Weltkultur verbirgt. Es ist wichtig, möglichst präzise zu trennen zwischen mindestens zwei Ebenen in diesem Zusammenhang. Zum einen geht es um grundsätzliche, zeitadäquate interkulturelle Umgangsformen, also um die universelle Frage, wie man innerhalb des Diskurses miteinander umgeht. Zum anderen geht es darum, die spezifischen Feinheiten von »Kulturen« und kulturellen Praktiken in einen Dialog zu stellen und auch darzustellen – um die Frage was nun tatsächlich wie vermittelt wird. Es kann dabei kein Zweifel bestehen, dass beide Ebenen eng miteinander verwoben sind und das Eine das Andere bedingt.

Das universelle Moment, das einer solchen Diskursethik anhaftet, könnte den trügerischen Anschein erwecken, es handle sich hierbei um eine Art Weltkultur, ein weltweit nach homogenen Mustern organisiertes »kulturelles Ganzes« einer globalen Avantgarde. Oft genug wurde und wird noch immer der Versuch unternommen, ein kosmopolitisches Weltbürgertum eloquent zu fundieren. Doch muss man von Vorwürfen dieser Art angesichts der Tatsache absehen, dass sich das HKW von jeglicher Form der Akkulturation distanziert. Es geht auf künstlerischer, ästhetischer Ebene eben gerade darum, jegliche Form eurozentristischer Perspektiven auf Kulturen und Modernen nicht einfach zu relativieren. Stattdessen würden diese bewusst problematisiert und gleichzeitig die jeweiligen kulturellen Besonderheiten, welche sich in den Perspektiven der KünstlerInnen manifestieren, sensibel erfasst.

Auch wenn das HKW vorrangig mit »Brüdern und Schwestern im Geiste des Diskurses« zusammenarbeitet, welche außerdem avantgardistischen Kreisen angehören, so kann man keineswegs von einer »Weltkultur« sprechen, die im HKW präsentiert würde. Das HKW hat den Anspruch, sich mit den Kulturen der Welt auseinander zu setzen und betont immer wieder aufs Neue die Pluralität und Heterogenität von »Kulturen«. Dem entsprechend spiegeln sich die theoretischen Prämissen in der Präsentationsform und dabei besonders im hochreflektierten Umgang mit kulturellen Spezifiken, ohne diese zu relativieren, zu vereinnahmen oder sie unter ein übergeordnetes Ganzes subsummieren zu wollen.

Programmgestaltung

»Die Programmgestaltung des HKW hat sich seit dessen Entstehen inhaltlich gewandelt.«

Die durchgeführte Untersuchung macht einen inhaltlichen Wandel in der Programmgestaltung des Hauses der Kulturen der Welt (HKW) erkennbar. Dieser scheint ein permanenter Wandel zu sein. Das heißt, dass das HKW bezüglich des Programms seit seiner Begründung einige Veränderungen durchmachen musste. Diese sind teilweise deutlich zu erkennen und teilweise kaum nachzuweisen. Einige davon lassen sich nachvollziehen, die anderen fördern das Interpretationsvermögen des Forschenden. Grundsätzlich kann man diesen fortdauernden Wandel auf den Versuch der zuständigen Kulturschaffenden des Hauses zurückführen, andauernd das Programm immer so zeitadäquat wie möglich und sinnvoll zusammen zu stellen. Das verlangt von jedem Mitarbeiter, von jedem Arbeitsbereich sowie von der gesamten Organisation ein hohes Maß an Flexibilität und Anpassungsfähigkeit. Dabei bemüht man sich, den aufgestellten Ansprüchen Dienste zu leisten, indem man die grundlegenden Konzepte, die so genannten Leitsätze pflegt und sich ständig an ihnen orientiert.

Während der Dokumentenanalyse wurde festgestellt, dass die Programmgestaltung des HKW angesichts ihrer interdisziplinären Arbeit eine gewisse Konzepttreue aufweist. Das verdeutlicht sowohl eine fast konstante Zahl von Verbundprojekten, als auch eine klare Tendenz der Gradwanderung des Programms in diese Richtung. Auch die Aussagen der HKW-MitarbeiterInnen bestätigen dies. Dabei wünschen sich jedoch einige von ihnen noch mehr Verbundprojekte. Zusammengenommen sprechen diese Tatsachen dafür, dass die Interdisziplinarität für die Programmarbeit des HKW mit der Zeit an Gewicht und Bedeutung gewonnen hat.

Wie es sich gezeigt hat, erlebt auch die Form des Programms eine wesentliche Änderung. Es zeichnet sich eine Umakzentuierung des thematischen Schwerpunktes der Projekte von der »Region« hin zum »Thema« ab. Die vorgestellten Regionen der Welt werden dabei immer mehr in thematische Kontexte eingebunden. Erst ein Paradigmenwechsel bezüglich der konzeptionellen Fassung und der Alterität von Kulturen ermöglichte einen wahren »Dialog auf Augenhöhe«, der sich seiner eurozentristischen Perspektive bewusst ist. (vgl. S.?) Diese Tendenz bedeutet jedoch nicht, dass verschiedene Regionen dem HKW-Programm keine eigenen Akzente mehr verleihen. Dafür sprechen sowohl die Menge von regional konzipierten Projekten, als auch die Interview-Aussagen. So nimmt man im HKW, trotz einer Hinwendung zu den thematischen Kontexten, ständig den Einfluss regionaler Akzente auf das Programm wahr.

Im Bezug darauf ergibt sich die Frage nach der Abhängigkeit des Programms vom Intendanten. In den Interviews wurde deutlich gemacht, wie wichtig seine Rolle bei der Programmgestaltung ist, und welch großen Einfluss die oft vom Intendanten selbst aktivierten KuratorInnen auf diesen Prozess haben, die vermutlich immer etwas Regionales mit sich bringen. Das könnte hier heißen, dass es indirekt vom Intendanten abhängt, welche Akzentuierung der thematische Programm-Schwerpunkt bekommt.

Während früher die mitgebrachten regionalen Thematiken in Einzelprojekten überwogen, so ist heute die Tendenz zu mehr Verbundprojekten spürbar. Dies bedeutet jedoch nicht automatisch eine Abkehrtendenz von »Regionen«. Dahinter ist eher der Versuch zu vermuten, in thematischen Auseinandersetzungen die Interkulturalität des Programms zu stärken und exotisierenden Darstellungen aus dem Weg zu gehen.

Es ist bemerkenswert, dass wegen ihrer thematisch globalen Relevanz und der Menge an gleichzeitig beteiligten Weltkulturen die Projekte der letzten Jahre (z.B. »IN TRANSIT« – das prozessorientierte Festival) immer mehr auf eine zunehmende Interkulturalität beziehungsweise Trancekulturalität des Programms hindeuten. Bei der Analyse des geographischen Schwerpunktes erwies sich das Wort »Welt« als geeignetes Hilfsmittel, um dies hervorzuheben. Parallel bedeutete der Indikator aber auch die Vielseitigkeit von regional bezogenen Projekten und somit der geographischen Spannbreite der Programme.

Was jedoch die Setzung des geographischen Schwerpunktes beziehungsweise den regionalen Fokus angeht, so lässt sich bei früheren Projekten kein klares Kriteriensystem erkennen. Hier drängt sich wieder die Frage nach dem Abhängigkeitsfaktor auf. Als Grund für die unterschiedliche Häufigkeit und das ungleiche Maß der Beteiligung einzelner Länder und Kontinente am HKW-Programm wäre nicht zuletzt auch der Einfluss des »beweglichen« soziopolitischen Weltkontextes zu sehen. Die große Bedeutung des Intendanten bleibt angesichts seiner Bevollmächtigung für den gesamten Programmbetrieb jedoch evident.

Die einkehrende Kontinuität bei der Programmgeographie letzter Jahre könnte ihrerseits einen Versuch bedeuten, einzelne Länder, Regionen und Kontinente sinnvoll und fair in den Dialog einzubeziehen. So scheint auch Europa seit 1998 seinen »Stammplatz« im Programm gefunden zu haben. Als Grund für diese Entwicklung dürfte nicht so sehr das im europäischen Integrationskontext gestiegene Interesse am Finden gemeinsamer kultureller Wurzeln sein, sondern viel mehr das Bewusstsein wachsender Notwendigkeit, den Dialog der Kulturen in einer Interaktion mitzugestalten. Was die Bundesrepublik angeht, so scheint sie bei diesem Prozess eine immer wichtigere Rolle zu spielen. Seit 1999 war Deutschland bei den HKW-Projekten in jedem Jahr vertreten, anders als vorher, wo es wahrscheinlich nur eine distanzierte Rolle eines Vermittlers zwischen den Kulturen übernahm.

Hinsichtlich der kontextuellen Bezogenheit der HKW-Projekte wurde bei der Analyse eine relativ frühe Wendung des Programms von den traditionellen hin zu den zeitgenössischen Kontexten ausfindig gemacht. Dieser Entwicklung ist lediglich in der Anfangsphase eine kurze Umakzentuierung auf das »Traditionelle« vorausgegangen. Dahinter könnte man sowohl eine Art Willkür bei der Setzung des inhaltlichen Schwerpunktes vermuten, als auch einen Versuch sehen wollen, mit den »leichter bekömmlichen« traditionellen Kontexten das »breitere« Publikum anzuziehen. Da wir hierzu aus oben genannten Gründen keine Besucherzahlen herangezogen haben, bleibt es also offen, welche und in wie fern diese Vermutungen stimmen könnten.

Die gesamte Entwicklung des Programms in Richtung zeitgenössischer Kontexte bezeugt jedenfalls eindeutig die Verfolgung von anfänglich festgelegten Zielen. Durch den Einbezug in die zeitgenössischen Diskurse wird dabei das Traditionelle gewissermaßen modernisiert. Man betrachtet es nicht mehr bloß als ein starres Konstrukt, sondern man setzt sich damit als einer Potenzial-Basis für mögliche Entwicklung der Kulturen auseinander.

Für einen interdisziplinären Einbezug der Kulturen in die Diskurskontexte sorgt die Verbindung von verschiedenen Genres miteinander, die in der Zusammenarbeit einzelner Programmbereiche zustande kommt. Die Mittel für große Verbundprojekte werden, laut Interviewaussagen, vom KBB zugeteilt. Die Aufteilung über die Bereiche handelt man dann innerhalb des HKW aus. So ist der festgestellte Meinungsunterschied in der Finanzierungsfrage wahrscheinlich darauf zurück zu führen, dass die Arbeitsbereiche nicht über die gleichen Mittel verfügen. Das könnte andererseits auch der Grund für das unterschiedliche Beteiligungsmaß am gesamten Programm sein, was seinerseits die groß geschriebene Interdisziplinarität der Arbeit auf die Dauer beeinträchtigen könnte.

Die durchgemachten Veränderungen haben das HKW mit Gewissheit auch von innen als Organisation verändert. Allgemein gesprochen, hat das Haus der Kulturen der Welt in 15 Jahren seiner Existenz eine gute Programmarbeit geleistet, die es ohne Zweifel zu beachten und zu ehren gilt.

Organisationsstruktur

»Hierarchien beeinträchtigen den interdisziplinären Anspruch des HKW«

Zunächst sollte der Begriff »Hierarchie« beleuchtet werden. In einem sozialen System bewirkt Hierarchie die Einstufung von Personen oder Gruppen in über- und untergeordnete Funktionen. Durch diese Rangordnung werden Machtstrukturen impliziert, die meistens über Kompetenzzuschreibungen legitimiert werden. Hierarchie ist ein klassisches Integrations- und Koordinationsinstrument für Organisationen. Hierdurch werden Weisungsbefugnisse und Verantwortlichkeiten festgeschrieben sowie die Zuständigkeit bei Abstimmungsproblemen festgelegt. Mit steigender Position im Hierarchiegefüge steigt auch die Regelungskompetenz. Durch die Einrichtung von Instanzen zur Abstimmung von Problemen wird ein Instrument der Konfliktlösung und -begrenzung geschaffen. Sie können helfen, Entscheidungsprozesse zu vereinfachen. Ebenso fungieren sie als Kontrollinstrumente.

Hierarchien funktionieren nur so lange, wie sie allgemein anerkannt werden. Allerdings finden stark ausgeprägte Hierarchien immer weniger Zustimmung bei den Betroffenen, da Befehl und Gehorsam als Werte eher negativ als positiv gesehen werden.

Wenn sich das HKW organisatorisch am Netzwerkmodell orientiert, werden damit auch Hierarchien als nicht mehr zeitadäquat verneint (vgl. Scherer 1999). Eine Struktur wie das Netzwerk kennt theoretisch keine Hierarchie. Betont werden Kooperation und Koordination. Es lässt sich aber bezweifeln, ob soziale Systeme tatsächlich ganz ohne Machtstrukturen auskommen. Wie skizziert wurde, können Macht und Hierarchie außerdem durchaus positive und effizienzsteigernde Effekte haben. Wo Hierarchien notwendig werden, können sie zudem auch durchaus demokratisch ausgehandelt werden.

Interdisziplinären Arbeiten kommen Netzwerkstrukturen entgegen, fördern und forcieren diese, da mehrere voneinander unabhängige Fachgebiete, die ihrer jeweils eigenen Fragestellung mit eigenen Methoden nachgehen, zueinander in Verbindung treten. Es findet eine Vermittlung zwischen den Fachgebieten statt, um neue Lösungsstrategien zu entwickeln. Dafür ist es notwendig, sich als gleichberechtigte Partner zu verstehen. Für Interdisziplinarität reicht ein reines Nebeneinander und der Austausch von Ergebnissen nicht aus.

Wie sieht es nun am HKW aus? Es existieren durchaus Hierarchieebenen. Dem Intendanten werden besondere Entscheidungsfreiheiten eingeräumt. Er bestimmt die KuratorInnen und er hat einen besonderen Einfluss auf programmatische Entwicklungen. Außerdem vertritt er das Haus nach außen und präsentiert die Arbeit des HKW innerhalb der KBB. Er führt zusammen mit den Intendanten der Berliner Festspiele und der Berliner Filmfestspiele sowie dem Kaufmännischen Geschäftsführer die Kulturveranstaltungen des Bundes in Berlin GmbH, in die das HKW eingebunden ist.

Unter Hans-Georg Knopp kam es, wie bereits ausgeführt wurde, zu einer konzeptionellen Neuorientierung des Hauses der Kulturen der Welt, die vorrangig auf seinen Einfluss zurück zu führen ist. Dass er sich dabei auch gegen HKW-interne Widerstände durchsetzen musste, ist anzunehmen. So stieß die Entscheidung, das »Café Global« zu schließen, auf großes Bedauern bei der Belegschaft. Andererseits sind die MitarbeiterInnen sehr zufrieden mit der Positionierung des Hauses als progressive Kultureinrichtung mit »Leuchtturmfunktion«. Von der neuen Intendanz wird dennoch erwartet, dass sie stärker mit den Abteilungen kooperiert und demokratischere Entscheidungen zustande kommen.

Am Haus der Kulturen der Welt existieren drei Programmbereiche, die dem Intendanten untergeordnet sind: Programmbereich A Literatur, Wissenschaft und Gesellschaft, Programmbereich B Ausstellung, Film und Neue Medien sowie Programmbereich C Musik, Tanz und Theater. Die Programmabteilungen A, B und C stehen in keinem vertikalen hierarchischen Verhältnis zu einander. Es besteht der Eindruck eines gleichberechtigten Nebeneinander, das allerdings noch kein interdisziplinäres Arbeiten zur Folge haben muss. Die Integration wird zur Zeit durch die Einrichtung von Projektteams, Workshops und Bereichleiterkonferenzen angestrebt. In einem Interview wurde allerdings beanstandet, dass der integrative Ansatz in der Zusammenarbeit mit den KuratorInnen leicht verloren gehen kann, da diese teilweise versuchen, nur ihre eigenen Vorstellungen durchzusetzen und die Programmabteilungen in die Rolle rein ausführender Organe drängen. Eine grundsätzliche Offenheit der

MitarbeiterInnen für Zusammenarbeit bedingt deshalb nicht automatisch ein Ausschöpfen des interdisziplinären Potentials. Es ist vielmehr stark davon abhängig, wie interdisziplinär die Programme angelegt sind. Um für dieses Problem soll die neuerdings eingerichtete Programmkoordination Abhilfe schaffen.

Eine Außenseiterposition nimmt die Abteilung Kinder- und Jugendprogramm ein. Hier wäre eventuell die stärkste Integrationsarbeit zu leisten. Dafür müsste aber zunächst das Profil dieses Aufgabengebietes geschärft und die Bedeutung für das HKW heraus gearbeitet werden.

Insgesamt wird deutlich, dass es am HKW eine aktive Auseinandersetzung mit organisatorischen Fragen gibt. Der allgemein formulierte Anspruch auf Interdisziplinarität wird von den MitarbeiterInnen mit getragen und sogar verstärkt eingefordert. Bestimmte hierarchische Figurationen werden kritisch beleuchtet und der Wunsch nach mehr demokratischer Teilhabe formuliert. Das Haus scheint sich in einem fortlaufenden Aushandlungsprozess zu befinden, was zum Beispiel auch daran deutlich wird, dass mehrere Organigramme präsentiert wurden, bei denen recht unterschiedliche Strukturen und Ebenen dargestellt und verschiedene Zuordnungen der Abteilungen getroffen wurden.

Kommunikation

»Das HKW hat Probleme, seine Arbeit kommunikativ zu vermitteln.«

Dem Thema Kommunikation wird im HKW ein großer Stellenwert beigemessen. Es wurde eine spezielle Abteilung eingerichtet, die als Schnittstelle der Kommunikationsarbeit nach innen und nach außen dient. Intern hängen die Kommunikationsformen stark mit dem Organisationsaufbau des HKW zusammen. Extern wird umfangreiche Öffentlichkeitsarbeit betrieben.

Eine wichtige, aber bisher unvollständig beziehungsweise unbefriedigend beantwortete Frage ist die nach den Zielgruppen des HKW-Programms. Diese Diskussion führt bisher zu einem Dilemma. Einerseits freut man sich über ein gut vorgebildetes und aufgeschlossenes Publikum, andererseits wird bemängelt, dass der Zugang zu einer breiteren Öffentlichkeit nicht oder nur sehr schwierig geschafft wird. Es fehlt aber auch eine Definition vom »breiten Publikum«, auf das scheinbar hingearbeitet wird. Wer soll also eigentlich explizit angesprochen werden?

Es steht außer Zweifel, das die Erwartungen an das HKW, eine breite Öffentlichkeit anzusprechen, mit der Ästhetik zeitgenössischer Kunst und dem angemessenen Umgang mit dem Themenkomplex Interkulturalität / Interdisziplinarität kollidieren. Man operiert auf einem Feld abseits des Mainstream, zum Teil wird Pionierarbeit geleistet und es steht noch nicht fest, inwiefern sich diese neu entwickelten Sichtweisen etablieren können. Wenn das HKW das »Dorfkulturzentrum des Global Village« sein soll, dann nicht im Rahmen traditioneller Kulturarbeit. Und hiermit erscheint eine weitere Problematik, auf die bisher keine zufriedenstellende Antwort gefunden werden konnte, um die sich aber letztlich auch die kulturpolitische Aufgabenstellung des HKW dreht: wie vermittelt man das Konzept »Multipler Modernen«, zu dem es auch gehört, sich auf »herkömmliche« Denk- und Sichtweisen zu beziehen respektive an diese anzuknüpfen?

Die Suche nach neuen Wegen für die Kontaktaufnahme zum so genannten breiteren Publikum wird erwünscht und müsste verstärkt stattfinden. Bisher wurde argumentiert, dass dies zwangsläufig mit der (teilweisen) Aufgabe des eigenen Anspruchs einher ginge. Tatsächlich sollte an einem so großen Haus aber auch Raum für populärere Programme zu finden sein, ohne dass gleichzeitig, das gesamte Konzept in Frage zu stellen wäre. Offensichtlich hat das HKW ein Legitimationsproblem. Von verschiedenen Seiten wird kritisiert, dass hier nur akademische Leckerbissen serviert werden, obwohl das HKW als öffentlich finanzierte Institution auf breitere Wirkung angelegt sein müsse.

Es drängt sich der Eindruck auf, das Haus habe bisher etwas Fremdkörperhaftes an sich. Trotz hohem Bekanntheitsgrad konnte sich das HKW nicht als integraler Bestandteil der Berliner Kulturlandschaft etablieren. Das mag an der räumlichen (städtebaulich abgelegen im Tiergarten) und organisatorische Nähe zur Bundesregierung liegen, was den Zugang zur örtlichen Bevölkerung zu blockieren scheint.

Außerdem ist die Zugänglichkeit des Gebäudes programmgebunden, außerhalb dieser Zeiten ist es geschlossen. Das HKW kann in diesem Zusammenhang eher nicht als »offenes Haus« bezeichnet werden. Es würde der Beliebtheit des HKW wahrscheinlich gut tun, auch »praktisch« insgesamt zugänglicher zu sein. Von einem Mitarbeiter wurde deshalb die Einrichtung einer Research Area mit Internetanschluss vorgeschlagen, wo sich interessierte Besucher Informationen zu HKW-Themenschwerpunkten oder auch zu weltpolitischen und zu regionalen kulturellen Ereignissen beschaffen könnten. Dieser Bereich sollte durch ein einfaches Café erweitert werden. Auf diese Weise würde sich das HKW als öffentlicher Treffpunkt, als Ort der Begegnung, auch außerhalb von Veranstaltungen anbieten. Nebenbei könnte zudem die Vermittlungsaufgabe, die sich das HKW gestellt hat, auch diesem Wege umgesetzt werden.

Als weiteres Problem wurde die unzureichende Einbindung von KünstlerInnen formuliert, die in Berlin leben und arbeiten. Diese könnten mit ihren teils interkulturellen/ multiplen/ hybriden Hintergründen durchaus in das Konzept des Hauses integriert werden. Außerdem würde somit ein stärkerer Bezug sowohl zur ansässigen Kulturszene als auch zu den verschiedenen ansässigen Communities innerhalb der Stadt geschaffen werden. Die sogenannten außereuropäischen Kulturen sind mit ihren hybridisierten Lebensformen bereits in starkem Maße in Berlin vertreten und würden sich über ein Forum zur Veranschaulichung ihres kulturellen und künstlerischen Schaffens, das sich sicher nicht ausschließlich auf die Rekurierung verfestigter traditioneller Einstellungen beschränkt, wahrscheinlich freuen. Momentan richten sich die Programmverantwortlichen bei der Auswahl von KünstlerInnen jedoch sehr stark auf die Ursprungsländer der erwähnten Gruppen beziehungsweise an einem Pool international erfolgreicher und angesehener Persönlichkeiten aus.

Es kann festgestellt werden, dass das HKW zwar erfolgreich arbeitet, allerdings nicht uneingeschränkt erfolgreich, wenn man es an seiner Breitenwirksamkeit bemisst. Ein akademisch ausgerichtetes Publikum nimmt tendenziell mit Freude die Angebote wahr und lässt sich auf Ungewohntes mit Neugier ein. Jenseits dieser Klientel hat das HKW allerdings Kontaktschwierigkeiten und findet sowohl inhaltlich, ästhetisch als auch sprachlich nur sehr mühsam einen Brückenschlag zu anderen Bezugsgruppen.

Einige der interviewten HKW-MitarbeiterInnen haben dieses Thema selbst als ein besonders kompliziertes dargestellt und den momentanen Umgang damit auch an verschiedenen Stellen kritisiert. Es wurde allerdings nicht deutlich, ob die Diskussion darum auch offen im Haus ausgetragen wird. Falls sich mit dieser Materie nur hinter verschlossenen Türen befasst wird und die Kontroverse nicht auf den verschiedenen Ebenen stattfindet, sollte möglicherweise die interne Kommunikationsarbeit einer Revision unterzogen werden. In einzelnen Gesprächen wurden mindestens für den Gedankenaustausch auf vertikaler Hierarchie-Ebene Defizite angemahnt. Andererseits könnte aber auch dagegen gehalten werden, dass es eine starke Intension der HKW-Belegschaft zu geben scheint, an der Verbesserung der gegenseitigen Verständigung zu arbeiten.

Resümee

»Die Innenwirkung des Hauses der Kulturen der Welt gleicht der Außenwirkung des Hauses der Kulturen der Welt.«

Am Ende dieser Arbeit erscheint es uns notwendig, noch einmal kurz die einzelnen Komponenten der forschungsleitenden Hypothese zu erläutern. Grundlegender Ausgangspunkt ist ein Modell von »Innen« und »Außen«, das in seiner idealtypischen Form das Haus der Kulturen der Welt – mit seiner kulturpolitische Ausrichtung, der Organisationsstruktur, der Programmgestaltung sowie der internen Kommunikation – als »Innen« fasst und den globalen soziopolitischen Kontext, die Bundesregierung, die Stadt Berlin als physischen Raum, die Medien und nicht zuletzt das Publikum als »Außen«. Ziel dieser Untersuchung war es, die Wechselwirkung zwischen der theoretischen Konzeption, der Organisation und der Arbeit des HKW selbst und darüber hinaus auch die Wechselwirkungen des HKW mit der besagten Außenwelt zu erforschen. Es ging um die Umsetzung der Ansprüche des HKW im Spiegel der Ansprüche der Berliner Öffentlichkeit.

Um sich diesem komplexen Feld der Ansprüche, Organisation, Arbeit und Wirkungen des HKW zu nähern, wurden Interviews mit MitarbeiterInnen des HKW sowie der Kulturveranstaltungen des Bundes in Berlin GmbH (KBB) geführt. Darüber hinaus wurden auch zahlreiche Publikationen und Dokumente ausgewertet. Der Weg vom Entwurf des Forschungsdesigns bis zur Auswertung, vom methodischen Vorgehen und bis zur Zusammenfassung der Ergebnisse in den einzelnen Dimensionen wurde in den vorangegangenen Kapiteln ausführlich besprochen. An dieser Stelle gilt es nun, die gesammelten Fakten und die Ergebnisse der einzelnen Dimensionen miteinander zu verknüpfen und im Zusammenhang mit der forschungsleitenden Hypothese zu diskutieren.

Nähert man sich nun auf Grundlage der gesammelten Informationen der forschungsleitenden Hypothese an, so zeichnen sich zunächst mindestens zwei grundlegende Tendenzen bezüglich einer Wechselwirkung des HKW ab. Zum einen reagiert das HKW auf soziopolitische Veränderungen in der Welt und versucht diese explizit zu thematisieren beziehungsweise zu berücksichtigen. Zum anderen hat das HKW eine bestimmte Wirkung in die Öffentlichkeit, das heißt auf ein Publikum, die Medien und auch auf die das Haus fördernden Institutionen.

Unsere Untersuchung hat sich ausführlich auf verschiedenen Ebenen mit dem »Innen« des HKW beschäftigt. So wurden die kulturpolitische Ausrichtung, die Programmgestaltung und die Organisationsstruktur eingehend untersucht. Die Dimension Kommunikation widmete sich sowohl den inneren, wie auch den nach außen gerichteten Kommunikationsabläufen. Darüber hinaus ging es aber ebenso um die Schnittstellen nach »Außen« mit dem soziopolitischen Kontext, als ideellen Raum und thematische Quelle zugleich, in den die Arbeit des HKW eingebettet ist. Dabei spielt das Verhältnis zwischen dem HKW und seinem finanziellen und politischen Hintergrund, der Bundesregierung, ebenso eine Rolle wie auch die Resonanz im physischen Raum Berlin bezüglich des Publikums und der Medien.

Im Folgenden werden die Ergebnisse der im Hauptteil untersuchten Dimensionen diskutiert, wobei ein Augenmerk auf potentielle Ansatzpunkte gelegt wird. Es werden dabei besonders die Wechselwirkungen zwischen den verschiedenen Dimensionen mit einfließen. Unsere Ergebnisse lassen sich im Großen und Ganzen auf fünf grundlegende Problematiken beschränken, die sich verschiedenen Wechselbeziehungen des HKW mit seiner Umwelt widmen. Es geht hierbei nicht darum, explizite Lösungsvorschläge zu machen, es sollen vielmehr Zusammenhänge aufgezeigt werden. Im abschließenden Resümee soll die eingangs gestellte Hypothese geklärt und unsere Sicht der Lage – möglichst wertfrei – dargestellt werden.

Die theoretischen Prämissen und die kulturpolitische Ausrichtung des HKW können als Basis der Arbeit des HKW verstanden werden. Darauf aufbauend werden Programme und Projekte entwickelt. Diese wiederum werden herausgearbeitet und umgesetzt von den MitarbeiterInnen des HKW. Die Organisationsstruktur des HKW beeinflusst die Programmentwicklung und das Programm als deren Ergebnis. Demnach erscheint es als nahe liegend, dass sich in den Programmen auch ihr Entstehungsprozess widerspiegelt.

Das Haus der Kulturen der Welt definiert sich als interdisziplinäre Institution, wo die Integration verschiedener Genre mit pluraler Perspektive und unter der Prämisse des gleichberechtigten Austauschs betrieben wird. Aus den Interviews lässt sich ablesen, dass im HKW Netzwerkstrukturen angestrebt werden. Das heißt, Hierarchien sollten möglichst vermieden werden, um den Mitarbeiterinnen und Mitarbeitern zu ermöglichen, sich gleichberechtigt mit ihrer Arbeit und ihrem Wissen einzubringen. Unsere Analyse bezog sich diesbezüglich vor allem darauf, festzustellen, ob es dennoch Machtstrukturen im HKW gibt und welche unmittelbaren Defizite darauf zurück zu führen wären. In den Interviews wurde deutlich, dass Intendanz und Kuratoren bisher eine gewisse Sonderstellung im HKW-Betrieb eingenommen hatten. Interviewte aus den Programmbereichen bemängelten, dass sie nicht ausreichend in grundsätzliche Programmentscheidungen mit einbezogen würden. Stattdessen gäbe es das Gefühl, zu oft als ausführendes Instrument mit der Umsetzung beschäftigt zu sein. Die persönlichen Kompetenzen scheinen dabei zu wenig Beachtung zu finden.

In einem engen Zusammenhang mit der Organisationsstruktur des HKW steht die interne Kommunikation. Aufgrund der Interviews wurde festgestellt, dass die Kommunikation auf vertikaler Ebene nicht so stark ausgeprägt ist, wie es sich manche MitarbeiterInnen wünschen. Entscheidungen über Programme und Projekte würden zu oft lediglich vom Intendanten oder vom Kurator sowie zwischen diesen und den Abteilungsleiterinnen und Abteilungsleitern getroffen und dann, so zu sagen, nur noch »nach unten weiter gereicht«. Die anderen MitarbeiterInnen fühlen sich dadurch leicht übergangen und in ihren Kompetenzen beschnitten. Längerfristig könnte dies dazu führen, dass deren an sich hohe Motivation eingeschränkt wird, sich ihren Kompetenzen entsprechend einzubringen. Für ein noch fruchtbares Arbeitsklima kann es nur von Vorteil sein, Programme in Zusammenarbeit mit allen beteiligten MitarbeiterInnen zu konzipieren, also keine fertigen Einheiten vorzulegen, die nur noch umgesetzt werden müssen. Möglicherweise könnte das Programm auch besser nach Außen kommunizierbar gemacht oder kommuniziert werden, wenn bereits im Vorfeld das Gespräch über dessen Vermittlung auf breiterer Ebene gesucht wird.

Darüber hinaus wäre es eventuell möglich, durch die stärkere Einbeziehung aller MitarbeiterInnen der entsprechenden Programmbereiche einen wesentlich engeren Bezug zur Stadt Berlin herzustellen und die Idee des dialogischen noch mehr in den Fokus zu nehmen und darauf basierend ein breiteres Publikum anzusprechen. Es fällt in diesem Zusammenhang auf, dass der lokale Kontext Berlin bisher nur in geringem Maße berücksichtigt beziehungsweise explizit mit einbezogen wurde.

Das HKW zeichnet sich durch seinen Anspruch auf eine interdisziplinäre Ausrichtung aus. Dies wird letztlich an den Verbundprojekten deutlich. Es besteht jedoch die Gefahr, dass der Anspruch auf gemeinsame Entscheidungen in der Praxis ebenfalls durch das Kuratorenmodell unterlaufen wird, da dem Kurator bisher eine besondere Position eingeräumt wurde. Obwohl sich die Zahl von Verbundprogrammen nicht vergrößert hat, ist dennoch eine Tendenz zur zunehmenden Interdisziplinarität zu erkennen. Dies wird dadurch deutlich, dass auch in Einzelprojekten eine stärkere Zusammenarbeit zwischen den verschiedenen Programmbereichen stattfindet.

Des Weiteren hat es den Anschein, dass es ein gewisses Konkurrenzverhältnis zwischen den Programmbereichen gibt. So wurde in den Interviews auch von »Machtkämpfen« gesprochen. Deshalb ergibt sich die Frage, ob letztlich die Plausibilität des Arguments oder doch eher die Position der MitarbeiterIn ausschlaggebend für einen getroffenen Konsens ist. Eine intensive interdisziplinäre Auseinandersetzung mit einem zu präsentierenden Thema dürfte durch eine horizontal ausgerichtete Konsensfindung begünstigt werden. Es ist aber ersichtlich geworden, dass bestimmte Positionen innerhalb des Hauses über ein höheres Maß an Entscheidungskompetenzen verfügen, die diesem Konzept entgegenstehen. Es zeigt sich, dass eine formal organisierte Institution – mit entsprechender Arbeitsteilung und festgelegten Funktionen bestimmter MitarbeiterInnen – einem nichthierarchisch organisierten Raum des Dialoges nicht entspricht. Ein so organisierter Raum der interdisziplinären Zusammenarbeit stößt an seine Grenzen und wird vielmehr zu einem »Nebeneinander« statt einem »Miteinander« der einzelnen Teilbereiche führen. Ein Netzwerk der interdisziplinären Zusammenarbeit konstituiert sich in einem strengen Sinne vielmehr immer wieder aufs Neue, um sich einem gemeinsamen Ziel der Beteiligten anzunähern. Aufgaben und Funktionen werden der jeweiligen Zielsetzung entsprechend verteilt, das heißt feststehende »FunktionärInnen«, die stets die gleichen Arbeiten zu erfüllen haben, gibt es nicht. (vgl. Scherer 1999)

Die aufgezeigten Hierarchien widersprechen dem Selbstverständnis des HKW und können die Motivation und Kreativität einzelner Mitarbeiterinnen und Mitarbeiter beeinträchtigen. Ein offenes und horizontal organisiertes Arbeitsumfeld, das sich an den Kompetenzen aller Partizipienten orientiert und einer Diskursethik folgt, die ihre inhärenten Machtstrukturen mitreflektiert und im günstigsten Fall zu umgehen sucht, könnte zu einem weiteren progressiven Aushängeschild des HKW werden. Wenigstens eröffnet sich hierbei ein Ansatz, um das interdisziplinäre Potential besser nutzbar zu machen. Es ginge dann darum, die Interdisziplinarität nicht nur auf die Ebene der künstlerischen Zusammenarbeit zu beziehen, sondern auf die gesamte Ebene der Organisation auszuweiten.

In den diskutierten Punkten ging es immer wieder darum, wie das HKW seine Anschlussfähigkeit an ein breiteres Publikum verbessern könnte. Im HKW ist man sich einig darüber, dass man dieses »breitere Publikum« ansprechen will. Dabei ist es jedoch auffällig, dass es keine einheitliche engere Definition der tatsächlichen Zielgruppe gibt. Ein erster Schritt zu einer verbesserten Anschlussfähigkeit wäre eine genaue Analyse der Adressaten der HKW Programme. Eine klare programmatische Ausrichtung, die dies berücksichtigt, könnte die Anziehungskraft des HKW auf ein potentielles Publikum verbessern.

Ferner ist es notwendig, über publikumswirksame Präsentationsformen nachzudenken. So florierte zwischen den Jahren 2000 und 2004 eine Festivalkultur, die eine gute Resonanz im Publikum hervorgerufen hat. Einige dieser erfolgreichen und öffentlichkeitswirksamen Programme wurden in jüngster Zeit aufgegeben. Wir vermuten, dass auch damit ein Publikumsrückgang beziehungsweise eine Umstrukturierung des Publikums einhergegangen ist.

Auffällig ist zudem, dass der Bereich Kinder- und Jugendarbeit bei der Programmgestaltung unterrepräsentiert war und nur parallel zum Hauptprogramm lief. Auch mit Blick auf die Organisationsstruktur steht offensichtlich das Jugendprogramm abseits der Programmbereiche, besonders in der Koordination von Verbundprogrammen. Dieser Bereich scheint jedoch sehr gut dafür geeignet zu sein, im Haus selbst ein offeneres Klima zu schaffen sowie die potentiellen Besucher der Zukunft Schichten übergreifend an zeitgenössische Kunst und interkulturelle Fragestellungen heranzuführen.

Das HKW betreibt eine rege Öffentlichkeitsarbeit, was sich an einer relativ starken Berichterstattung in den verschiedenen Medien, regional sowie überregional, ablesen lässt. Zusätzlich verschafft es sich über seine Publikationen einen guten Ruf in der Fachwelt. Die Medien werden hier verstanden als kommunikative Schnittstelle nach Außen. Mit anderen

Worten, das HKW braucht diese um mit der Außenwelt zu kommunizieren. Dabei übernehmen die Medien die Rolle der Promoter, Übersetzer und auch Kritiker. In der regionalen Presse fand sich ein gemischtes Meinungsbild über das Haus. Es reichte von Lob für die anspruchsvollen Veranstaltungen bis hin zum Vorwurf der »Publikumsverscheuchung«. Eine kontroverse Berichterstattung könnte als Hinweis interpretiert werden, dass das HKW möglicherweise ein diffuses Bild in die Öffentlichkeit vermittelt. Insgesamt entsteht der Eindruck, dass sich das HKW noch nicht als integrativer Bestandteil der Berliner Kulturlandschaft etablieren konnte und oft als eine Art Fremdkörper wahrgenommen wurde. Bezüglich solcher Berichte und Kritiken in den Feuilletons der Zeitungen stellt sich die Frage, inwiefern beziehungsweise auf welche Art und Weise darauf im HKW selbst eingegangen wird und ob Medienberichte Einfluss auf die Eigenwahrnehmung haben. Welche Rolle spielen diese Reaktionen aus dem »Außen« für die Konzeption der Arbeit des HKW?

Das HKW befindet sich zwar in Berlin, könnte aber auch an jedem beliebigen anderen Ort angesiedelt sein. Die Besonderheiten der unmittelbaren Umgebung des HKW finden kaum Beachtung; die Stadt selbst stellt scheinbar keinen Bezugspunkt der HKW-Arbeit dar. Es wird kaum berücksichtigt, dass sich das Globale auch im Lokalen wiederfindet. Unser Eindruck ist allerdings, dass sich das HKW damit die Chance nimmt, als Identifikationspunkt wahrgenommen zu werden. Die Einbindung lokaler Gegebenheiten wäre wünschenswert. Besonders viel versprechend erscheint diesbezüglich, Berliner KünstlerInnen mit Migrationshintergrund in die Programmgestaltung und den vom HKW verfolgten Diskurs mit einzubeziehen. Diese sind wahrscheinlich in verschiedene Communities eingebunden und könnten direkt oder indirekt eine Mittlerrolle übernehmen. Ein persönlicher Bezug zu den Programminhalten, die meist eher in weiter Ferne lokalisiert werden, könnte geschaffen werden. Damit wäre es auch möglich, die einst aufgebaute Barriere zur »Multikulti-Szene« stückweise wieder abzubauen. Das »Hybride« lässt sich schließlich nicht nur in der Ferne ausmachen, sondern auch in unmittelbarer Nachbarschaft eines jeden.

Das HKW ist in Berlin weitestgehend als Veranstaltungsort bekannt. Darüber hinaus findet es auch aufgrund seiner besonderen Architektur und Lage Beachtung bei TouristInnen, AusflüglerInnen und HauptstädterInnen. Allerdings ist das Gebäude selbst nur zu Veranstaltungen geöffnet und bietet jenseits davon nicht die Möglichkeit für BesucherInnen, sich umgehend über die Themen und die Arbeit des HKW zu informieren. Zu einer besseren Anschlussfähigkeit gehört auch, dass das HKW ein Forum des Dialogs mit den Besuchern bietet, auch oder gerade wenn keine Programme stattfinden. Es wäre wünschenswert, wenn sich das Haus als »offener Raum« (vgl. Mouffe 1992) konstituiert und sich somit auch als Treffpunkt für spontane Besuche anbieten würde, bei denen man sich vor Ort mit den Arbeitsfeldern, Inhalten, Hintergründen von bereits durchgeführten und noch geplanten Projekten vertraut machen kann.

Das HKW als »offener Raum« im Regierungsviertel könnte von symbolischer Bedeutung werden. Es wurde in den Interviews mehrfach bedauert, dass das HKW nicht im »Berliner Bewusstsein« angekommen ist. Mit einer Öffnung dieses exklusiven Raumes für alle Interessierten wäre ein wichtiger Schritt in diese Richtung getan. Das HKW könnte sich als offene Forschungsstätte und Plattform des kulturellen Dialoges noch mehr Transparenz über seine Ansätze und seine Arbeit verschaffen und sich auch als permanente Anlaufstelle für Interessierte oder Neugierige etablieren.

Unter der Intendanz Hans Georg Knopps vollzog das HKW 1999 einen Paradigmenwechsel. In Abgrenzung zum »Multikulti« wurde ein neuer Kulturbegriff aufgenommen. Mit dem Paradigma der »Hybridität von Kultur« wurde der Exotisierung und Homogenisierung von abgrenzbaren Kulturen eine Absage erteilt. Die Eindeutigkeit von kulturellen Grenzen wurde als Mythos verstanden und im Gegenteil dazu rückte die Vielheit und Durchdrungenheit, die medial bedingte globale Gleichzeitigkeit und Dynamik dieser permanenten Prozesse ins Zentrum der Aufmerksamkeit. Eine ethnozentrische Sichtweise sollte diesbezüglich mitreflektiert und möglichst vermieden werden. Damit schaffte das HKW den Anschluss an einen zeitadäquaten akademischen Diskurs, erreichte ein neues Reflexionsniveau und übernahm die Position der richtungsweisenden Institutionen der Bundesrepublik in diesem Kontext. Diese Neudefinition der theoretischen Basis des HKW hat auch eine inhaltliche Akzentverschiebung bezüglich Konzeption der Programme bewirkt. So ist davon auszugehen, dass sich diese gewandelte Perspektive auf zeitgenössische Künste im globalen Kontext auch im Programm des HKW widerspiegelte. Der sich ständig in seiner Komplexität wandelnde Gegenstand verlangte also nach einem flexiblen Umgang und zeitadäquaten Präsentationsformen.

Auf Ebene der allgemeinen inhaltlichen Ausrichtung der Programmgestaltung lässt sich eine Tendenz zu einer gemischten Programmform ablesen. Das heißt, dass sowohl regionale wie auch thematische Projekte stattfinden. Es werden also nicht nur bestimmte Regionen der Welt vorgestellt, sondern es werden diese Regionen in thematische Kontexte eingebunden. Den Rahmen dafür bilden eben jene aktuellen zeitgenössische Themen wie Modernisierung, Globalisierung, Demokratisierung oder auch Postkolonialismus und Ethnozentrismus.

Sowohl die Form der Programme als auch die inhaltlichen Schwerpunkte belegen die Tendenz zur größeren Einbeziehung regionaler Kulturen in zeitgenössische Diskurse. Damit wollte sich das HKW von der Zurschaustellung von traditionellen Regional-Kulturen verabschieden. Daran kann die pragmatische Abkehr von einer exotisierenden Präsentation »fremder Kulturen« und zudem der Versuch, einen dialogischen Ansatz zu pflegen, abgelesen werden. Durch den proklamierten Bruch mit dem Multikulturalismus und den Anschluss an einen elaborierten wissenschaftlichen Diskurs kam ein höheres Reflexionsniveau zustande. Eine Gefahr besteht jedoch darin, dass stark vergeistigte Programme zustande kommen, welche den Ausschluss eines breiten Publikums bewirken, wie zum Beispiel das Projekt »Black Atlantik« beweist.

Eben jener programmatische Wandel scheint ein grundlegendes Dilemma in sich zu bergen. Der Versuch, komplexe kulturelle Relationen und kulturpolitische Hintergründe adäquat darzustellen und diese zusätzlich in einen Dialog mit eigenen »kulturellen Vorstellungen« zu stellen – wobei von einem anderen Verständnis und Umgang mit »Kultur« ausgegangen wird –, konfligiert mit gesellschaftlich etablierten, eher traditionellen Deutungsmustern. Anders gesagt, der thematische und konzeptionelle Ansatz des HKW muss als Teil eines größeren Diskurses verstanden werden. Dieser Diskurs um kulturelle Codes und Deutungsmuster zieht prädestiniert die Aufmerksamkeit von Interessenten auf sich, die sich bereits mit jenen behandelten Thematiken auseinandergesetzt haben oder zu den entsprechenden ExpertInnen gezählt werden können.

Wer genau soll nun die AdressatIn sein: ein möglichst breites Publikum oder doch eher eine universitär vorgebildete Elite? Denn auch wenn die BesucherInnenzahlen stetig gestiegen sind (vgl. Anhang), ist davon auszugehen, dass eine wesentliche Umstrukturierung des Publikums stattgefunden hat, wobei jedoch keineswegs von einem »breiten Publikum« die Rede sein kann, das alle zivilgesellschaftlichen Schichten repräsentiert. Ein steigendes Reflexionsniveau und ein damit einhergehender Diskurs kongruiert offenbar mit der Exklusion breiter Schichten. Die vom HKW immer wieder betonte »Leuchtturmfunktion« ergibt ein Dilemma. Wer aus den üblichen kulturellen Deutungsmustern ausbricht und alternative Ansätze präsentiert, muss damit rechnen, auch distinkte Reaktionen hervorzurufen. Über diskursive Ausschlussmechanismen hinaus muss die Stellung des HKW im sozialen Raum und im künstlerischen und politischen Feld selbst kurz diskutiert werden.

Der Soziologe Bourdieu beschreibt den sozialen Raum als einen dreidimensionalen – vertikal wie auch horizontal – strukturierten Raum, der sich aus einer Vielzahl verschiedener Felder konstituiert, welche wiederum ihren eigenen, feldinternen Logiken folgen. Die Position der Akteure in diesen Feldern ist dabei keineswegs willkürlich bestimmt, sondern abhängig von der Verfügbarkeit über verschiedene Kapitalien. Unterschieden wird unter anderem zwischen ökonomischem, kulturellem und sozialem Kapital, deren Gesamtvolumen die Vertikale in einer gedachten Matrix bestimmt, während die Struktur dieser Kapitalien die Horizontale ausmacht. Auf Grundlage der spezifischen Position eines Individuums in der Matrix, also dem sozialen Raum, konstituiert sich ein bestimmter Habitus, der den Deutungs- und Handlungshorizont, sowie den Geschmack und Lebensstil eines Individuums ausmacht. Die das Individuum umgebenden externen Strukturen werden laut Bourdieu internalisiert; sie werden gleichsam in den Körper »eingeschrieben«. Ein bestimmter Habitus weist demnach eine strukturelle Homologie mit der Position des jeweiligen Akteurs im Feld auf, was einen privilegierten Handlungsrahmen im »heimischen« Feld nach sich zieht. Damit sei jedoch nicht die Partizipation in anderen Feldern grundsätzlich ausgeschlossen. Es soll vielmehr die »Trägheit« in der Adaption feldfremder Deutungsmuster und Praktiken verdeutlichen. Bourdieu versucht auf diese Weise eine Klassentheorie zu entwickeln, die distinkte Abgrenzungsmechanismen von Individuen untereinander sowie zwischen Gruppen und Individuen zu erklären vermag. Dieses Konzept erweist sich als hilfreiches Instrument zur Reflexion über kontextuell bedingte Abgrenzungsmechanismen, die mit einem bestimmten Geschmack oder auch Anspruch korrelieren und damit laut Bourdieu nicht ontologisiert, sondern kritisch reflektiert werden müssen (vgl. Bourdieu 1987).

Überträgt man nun dieses Konzept auf das eben angesprochene Dilemma des HKW bezüglich eines Zielpublikums, so wird deutlich, welches Publikum durch die Programmatik des HKW potentiell angesprochen wird. Da es sich offensichtlich um ein Publikum handelt, dessen theoretischer und lebensweltlicher Hintergrund strukturelle Homologien mit dem Arbeitsfeld des HKW aufweist, sollte mit verstärkter Aufmerksamkeit an der Offenheit der Grenzen des bearbeiteten Feldes gearbeitet werden. Denn auch wenn das quasi dialektische Verhältnis von Habitus und Feld die Reproduktion des Feldes fördert und zudem feldfremde Distinktionen schürt, so sind die Rahmen, welche den Horizont der kulturellen Deutungen und Praktiken bestimmen und durch diese gleichsam bestimmt werden, stets deshalb auch fließend.

Mit seiner konzeptionellen Ausrichtung und deren Umsetzung beziehungsweise Übersetzung in publikumswirksame Programme stößt das HKW an seine Grenzen. Wer tatsächlich ein möglichst breites Publikum erreichen möchte, muss seine eigene Position innerhalb dieses Feldes der Kulturvermittlung mit reflektieren. Elitäre ExpertInnen-Diskurse lassen sich oft nicht auf eine populäre Ebene herunter brechen, ohne dass dabei etwas Grundlegendes verloren ginge. Doch um die Anschlussfähigkeit an ein breites Publikum – also nicht nur für einen engeren Zirkel – wirklich garantieren zu können, kann es nur von Nutzen sein, mögliche Ansatzpunkte in der Auseinandersetzung mit Distinktionen produzierenden Mechanismen zu lokalisieren und zu überdenken. Das HKW ist Teil eines progressiven Diskurses, der potentiell zur Selbstreflexion anregen kann. Wissen, das in den Universitäten und Künstlerzirkeln entstanden ist, und auch vorrangig dort diskutiert wird, fließt in die Arbeit des HKW mit ein und manifestiert sich in den künstlerischen Präsentationen und Projekten. Genau darin besteht aber nun die Chance, den Status des HKW in einer Berliner und bundesrepublikanischen Öffentlichkeit dahin gehend zu nutzen und als Schnittstelle zur Vermittlung eines sonst geradezu exklusiven Wissens zu begreifen. Es sollte darum gehen, dieses exklusive – sonst Experten und elitären Kreisen vorbehaltene – Wissen zu demokratisieren, das heißt einer breiten Öffentlichkeit den Zugang dazu zu ermöglichen beziehungsweise diese ins HKW einzuladen.

Bisher wurden vorrangig die Wirkungen und die Anschlussfähigkeit des HKW im Zusammenhang mit seiner konzeptionellen Ausrichtung, Organisationsstruktur und die damit in Verbindung stehende Programmgestaltung diskutiert. Es bleibt die Frage nach den Wechselbeziehungen des HKW und seinen finanziellen Trägern.

Das HKW ist strukturell an die Bundespolitik über seine institutionellen Träger, insbesondere das Außenministerium und die Beauftragte der Bundesregierung für Kultur und Medien, angebunden. Dementsprechend erscheint die kulturpolitische Ausrichtung des HKW, oberflächlich beobachtet, als weitgehend deckungsgleich mit der Ausrichtung seiner Geldgeber. Das HKW ist aber nicht vollständig an deren Leitlinien gebunden, sondern verfügt über gewisse Freiräume und entwickelt darüber hinausgehend seine eigenen Konzepte von Kultur und einer entsprechenden Kulturvermittlung.

Mit seiner Konzeption vom »interkulturellen Dialog auf Augenhöhe« geht das HKW über die Konzeptionen seiner finanziellen Träger hinaus, die von der »kulturellen Zweibahnstrasse« sprechen. Diese gehen offenbar noch immer von der Vorstellung »homogener Kulturen« aus, die sich austauschen. Es wird dabei über Gebühr Wert auf die Grenzziehung zwischen »Kulturen« gelegt. Das HKW jedoch konzipiert Programme, die dialogisch angelegt sind. Es geht hierbei nicht um einen binären Austauschprozess zwischen Kultur A und B, sondern vielmehr darum, einen produktiven Prozess zu stimulieren, in dem mit stereotypen Zuweisungen gebrochen wird und dennoch das Besondere im Gemeinsamen aufgeht ohne in Relativismus zu verfallen.

Allerdings scheint das HKW seine Ausnahmestellung als »kultureller Leuchtturm« nicht überwinden und seinen Ansatz gegenüber dem immer noch etablierten Status Quo »einer nationalen Kultur« offensiver positionieren zu können. An dieser Stelle soll weniger die Vermittlungsarbeit des HKW bezüglich des Publikums problematisiert werden. Vielmehr soll die Frage aufgeworfen werden, welche Position das HKW in einem kulturpolitischen Diskurs auf Bundesebene bezieht. Man ist sich auf beiden Seiten einig, dass es sich um eine »Ausnahmestellung« handelt. Inwiefern dies nun ausreichend ist, um Einfluss auf die Ausrichtung eines solchen Diskurses und seine grundlegenden Konzeptionen von Kultur zu nehmen, sei dahin gestellt. Doch auch hier ist es offensichtlich notwendig, die eigene Position klarer zu definieren und auch das eigene Potential deutlicher heraus zu arbeiten, gängige Definitionen und Konzeptionen auf problematische Implikationen kritisch und nachhaltig zu hinterfragen. Den allgemeinen Duktus, eine »deutsche Kultur« oder auch eine »europäische Kultur« politisch zu legitimieren, muss aus dem Tätigkeitsfeld des HKW heraus eine eindeutige Absage erteilt werden. Bei so eindeutig konfligierenden konzeptionellen Vorstellungen von »Kultur« erübrigt sich jede Diskussion darüber, welche Rolle einer progressiven und öffentlichkeitswirksamen Institution in diesem Feld zukommt. Keineswegs sollte man eine offene und öffentliche Auseinandersetzung mit Verantwortungsträgern meiden.

Der derzeitige Intendant des HKW Bernd Scherer formulierte es schon 1999, damals noch Bereichsleiter, in dieselbe Richtung weisend wie folgt: »Nur wenn der Dialog mit dem Süden integraler Bestandteil eines internationalen Dialogs, das heißt des Mainstreams wird, hätte eine Institution wie das Haus der Kulturen der Welt seine Aufgabe erfüllt, nicht aber wenn es als Feigenblatt dient, als Ort, an den dieser Dialog delegiert wird.« (Scherer 1999, S.57)

Zugespitzt könnte man nun danach fragen, ob das HKW immer noch lediglich eine legitimatorische Funktion innerhalb der kulturpolitischen Landschaft der Bundesrepublik übernimmt. Sollte nicht vielmehr Einfluss auf außen- und innenpolitische Konzeptionen der Regierungen genommen werden, indem eine andere, eine offenere Vorstellung von »Kultur« entwickelt und etabliert wird?

Das Ziel dieser Arbeit war es, das HKW im Spiegel des eigenen Anspruchs sowie den Erfordernissen der Stadt Berlin und der repräsentierten Kulturen zu beleuchten. Dabei standen die folgenden Fragestellungen im Hintergrund: Welche Ansprüche verfolgt das HKW oder welches »Idealmodell« liegt diesen zugrunde? Welches »Realmodell« ergibt sich aus der Arbeit des Hauses? Decken sich diese beiden Modelle? Besteht eventuell eine Diskrepanz zwischen dem »Idealmodell« und dem »Realmodell«, die in den verschiedenen Themengebieten ersichtlich werden würde? Und schließlich, welche Wirkung hat das HKW nach außen?

Diese am Anfang der Arbeit stehenden Fragen können nun zum Schluss der Analyse beantwortet werden. Es zeigte sich, dass sich das HKW hohe Ziele gesteckt hat, die jedoch in der Praxis noch nicht umgesetzt werden konnten. Ein Auseinanderdriften des »Idealmodells« und des »Realmodells« wird offensichtlich. Es wurde allerdings auch deutlich, dass sich das HKW in einem ständigen Prozess der Selbstreflexion dem so genannten »Idealmodell« anzunähern versucht. In der Auseinandersetzung mit diesen beiden Polen unter besonderer Berücksichtigung von verschiedenen Wechselverhältnissen von »Innen« und »Außen« – vom HKW und seiner Umgebung – kristallisierten sich fünf Problemfelder heraus:

1) Demokratisierung der inneren Organisation
2) Lokaler Anschluss
3) Das HKW als offener Raum – Demokratisierung des Raumes

Zur Dramaturgie des Hauses der Kulturen der Welt

4) Demokratisierung des Wissens
5) Rückwirkung auf politische Instanzen.

Diese in der hier vorliegenden Untersuchung diskutierten Problemfelder könnten nun spezifische Ansatzpunkte liefern, um den Prozess der Annäherung voranzutreiben. Mit der ([2]) Demokratisierung der inneren Organisation, also einem sensibleren Umgang mit hausinternen formell und informell auftretenden Hierarchien können bestehende Potentiale der Mitarbeiterinnen und Mitarbeiter noch besser verfügbar gemacht werden.

Das würde zudem einen positiven Beitrag für einen besseren ([3]) lokalen Anschluss leisten, der aber auch vor allem über die Einbeziehung örtlicher Gegebenheiten gesucht werden sollte. Mit der ([4]) Demokratisierung des Raumes HKW zu einem offenen Raum für Alle kann ein weiterer Schritt getan werden, das HKW in der Berliner Öffentlichkeit noch umfassender zu etablieren. Außerdem würde dadurch der ([5]) Demokratisierung (eines weitestgehend exklusiven) Wissens Vorschub geleistet werden. Letztlich darf das HKW auch nicht sein Potential zur Wechselwirkung beziehungsweise ([6]) Rückwirkung auf seine institutionellen politischen Instanzen vernachlässigen.

---

2 Genauer wird die finanzielle Ausstattung im Kapitel zur Organisationsstruktur untersucht.
3 Habitus soll hier in Anlehnung an Bourdieu gebraucht werden. Gemeint sind spezifische Dispositionssysteme (Wahrnehmung, Deutungen, Handlungen), die sich je nach der spezifischen Position des/r Akteurs/In im sozialen Raum entsprechend der Verfügbarkeit und des Einsatzes verschiedener Kapitalien (Ressourcen) ausbilden. Damit einher gehen auch soziale Praktiken, spezifische Lebensstile und Geschmäcker. (vgl. Bourdieu 2001)
4 Thomas Lackmann: Die Küche im Dorf lassen, Tagesspiegel / Kultur 11.07.2005.
5 Es liegt natürlich auf der Hand, dass Berichte, Beiträge und Kommentare sich in verschiedenen Medien unterscheiden werden. So wird der Inhalt und der Tenor einer Zitty Programmankündigung sich definitiv ebenso von einem Beitrag in der TAZ unterscheiden, wie von einem Beitrag in Berliner Kurier.
6 Zur Rolle der Intellektuellen im Feld der Macht vgl. auch Bourdieu 1991.

Zur Kultursemantik deutscher Politiker

Liese Hoffmann, Sebastian Krauß, Elisa Wolff

Einleitung

Die vorliegende Arbeit ist das Ergebnis eines einsemestrigen Forschungsprojektes über die Wirkung des Hauses der Kulturen der Welt in der Öffentlichkeit. Unsere Gruppe hat sich bei der empirischen Forschung auf Interviews mit Abgeordneten des Bundestags konzentriert, die Mitglied im Bundesausschuss für Kultur und Medien sind oder waren. Darüber hinaus haben wir auch Interviews mit Angestellten im Ministerium für Bildung und Forschung geführt. Insgesamt konnten wir sechs Personen für unser Projekt gewinnen. Die Interviews bestanden aus drei unterschiedlichen Frageblöcken. Abschnitt eins und drei beinhalteten jeweils fünf bzw. sechs offene, Abschnitt drei zwei geschlossene Fragen. Alle Interviews wurden von uns persönlich geführt, nur in einem Fall erfolgte das Interview telefonisch.

Der Besuch kultureller Veranstaltungen, z.B. des HKWs, ist, so scheint uns in Bezug auf die von uns Befragten, in hohem Maße von entsprechenden Einladungen abhängig. Alle Befragten werden regelmäßig zu Veranstaltungen des HKW eingeladen, jedoch wurden diese nur jeweils zwei- bis dreimal wahrgenommen. Zwei Personen gaben an, das HKW trotz mehrfacher Einladung noch nie besucht zu haben. Keine der befragten Personen hat das HKW außerdienstlich, d.h. rein privat, besucht. Die Frage nach der Häufigkeit der Besuche des HKW bringt u.E. jedoch auch methodische Probleme mit sich, da sich die individuellen Möglichkeiten für HKW Besuche sehr unterscheiden. Während die Einen ihren Lebensmittelpunkt in Berlin besitzen, halten sich andere erst seit ihrer Wahl zu Abgeordneten des Bundestags (d.h. zwei Monate vor den Interviewterminen) regelmäßig, aber kurzfristig, in Berlin auf. Man habe noch keine Zeit gehabt, das HKW zu besuchen.

Bei der Auswertung der Interviews wurde deutlich, dass die Fragen »Hat das HKW eine Aufgabe?« und »Erfüllt das HKW diese Aufgabe« eine Schlüsselrolle in unserer Analyse und Interpretation einnehmen.

Daher werden wir den Schwerpunkt unserer nachfolgenden Arbeit auf die kulturelle Aufgabe des Hauses aus Sicht unserer Interviewpartner legen. Des Weiteren werden wir die Fragen »Sollte man nichtdeutsche Kulturen mehr fördern?« und »Ist es Ihnen wichtig, dass es in Berlin einen Ort gibt, an dem verschiedene Kulturen repräsentiert werden?« untersuchen.

Im Folgenden handelt es sich bei in Anführungszeichen Gesetztem um Zitate aus den Interviews.

Tendenzen

Die Frage nach der Aufgabe des HKWs betrachten wir als Schlüsselfrage. Hier zeigen sich zwei deutlich unterschiedliche Tendenzen in den Antworten der Befragten, die sich auch in weiteren Fragen des Fragebogens wieder finden lassen. Wir teilen unsere Interviews daher in die Gruppen ‚Darstellung' und ‚Dialog' ein.

Gruppe Darstellung

Obwohl sich unsere Befragung um das Haus der Kulturen der Welt drehte, sind die Antworten, die wir von dieser Gruppe erhalten haben, stets geprägt von Bezügen auf eine deutsche Hochkultur. Zu dieser Gruppe zählen wir vier der sechs Interviewpartner. Das HKW habe, nach Ansicht der Gruppe Darstellung, die Aufgabe, Kulturen darzustellen, die den Deutschen fremd seien. Differenziert wird in diesen Interviews nach dem Bekannten, dem Deutschen und dem Fremden, dem Nichtdeutschen. Der Besucher des HKW habe somit die Möglichkeit, fremden Kulturen zu begegnen und sich dadurch in erster Linie zu bilden.

Gruppe Dialog

Die Gruppe Dialog, zu der wir zwei der sechs Befragten zuordnen, sieht sich ausdrücklich als Gegensatz zur Gruppe Darstellung. Hier steht der Kulturaustausch, der Dialog, im Vordergrund. »Kultur ist etwas zweiseitiges« im Gegensatz zur bloßen, quasi einseitigen, Darstellung. Man benötige zwei Kulturen, die »zusammengeführt« werden. Kultur wird hier nicht als Abgrenzung verstanden (unsere/deren Kultur) sondern als Verbindung: »Was uns verbindet, ist Kultur.« Kultur überschreite territoriale Grenzen.

Analyse

Die oben genannten Tendenzen spiegeln sich in den Ansprüchen der Befragten an die Aufgabe des HKW. Wir stellen fest, dass die Gruppe Darstellung mit der Kulturarbeit des HKW durchweg zufrieden ist. Die Gruppe Dialog teilt diese Auffassung nicht. Dieselben Argumente, die die Gruppe Darstellung als Beleg für die erfolgreiche Kulturarbeit anführt, werden von der Gruppe Dialog als Kennzeichen des Scheiterns betrachtet. Wir kommen darauf zurück.

Auch in der Frage »Sollte man nichtdeutsche Kulturen mehr fördern?« bestätigt sich, die Gruppeneinteilung. Die Gruppe Darstellung antwortet hier entweder mit »Nein.« oder mit »Ja, aber die deutsche Kultur habe Priorität« - gerade auch in Hinblick auf die Legitimation der Finanzierung. Die Gruppe Dialog fordert hingegen die Förderung von Kultur allgemein, unabhängig von nationalstaatlichen oder hochkulturellen Erwägungen.

Die Frage »Ist es wichtig, dass es in Berlin einen Ort gibt, an dem andere Kulturen repräsentiert werden?« wird von allen bejaht. Auf das HKW bezogen fallen die Antworten jedoch wesentlich differenzierter aus. Die Gruppe Darstellung weist hierbei der Kultur als Wirtschaftsfaktor und dem Standort des HKW eine große Bedeutung zu. Eine weiter gehende »Kollaboration« zwischen Kultur- und Wirtschaftsorganisationen werde begrüßt. Hier werden die Swiss Houses als Beispiel angeführt. Die Architektur des Hauses wurde nicht von allen Gesprächspartnern dieser Gruppe positiv bewertet. Das HKW habe sich »architektonisch überlebt«, es sei nicht repräsentativ und daher für ausländische Gäste ungeeignet. Man könnte an dieser Stelle hinzufügen, dass eine der Bedeutungen des HKW für Berlin darin begründet sei, dass es seine Räumlichkeiten für Veranstaltungen von außen »billig« zur Verfügung stellen könne. Des Weiteren wurde von der Gruppe Darstellung vorgeschlagen, dass z.B. ausländische Botschaften die Aufgabe der Kulturrepräsentation übernehmen könnten.

Die Gruppe Dialog zeigt sich bei dieser Frage eher unentschlossen: »Alles ist verzichtbar. Aber es wäre schade« wenn das HKW nicht mehr existieren würde.

Interpretation

Wir sind der Ansicht, dass unsere Aufteilung der Interviews in zwei Gruppen auf zwei unterschiedliche Vorstellungen von Kultur, und damit auch zwei unterschiedliche Vorstellungen von Kulturarbeit, zurückzuführen ist. Wir halten daher eine Auseinandersetzung mit diesen Kulturvorstellungen für unsere Interpretation für unverzichtbar.

Eine Befragte der Gruppe Darstellung begrüßt zwar eine Aufführung Büchners mit türkischen Schauspielern in Berlin und Istanbul, jedoch nicht etwa als, wie auch immer gearteten, Austausch, sondern als internationale Anerkennung deutscher Kulturproduktion: »Die deutsche Kultur ist stark.« Kultur rückt hier in die schon angedeutete Nähe einer Dienstleistung, einer Exportware. Des Weiteren wird deutlich, dass unter Kultur »Hoch«-Kultur verstanden wird, die sich hinter den von unseren Interviewpartnern genannten Namen Goethe, Büchner und Heine verbirgt. Man zeigt sich besorgt, dass aufgrund veränderter Gewohnheiten, das Lesen gehe verloren, eine »Gleichgültigkeit« gegenüber dem deutschen Kulturerbe entsteht. Die, wie gezeigt eher, ablehnende Haltung gegenüber weitergehender Förderung von Nicht-Deutschem fußt offensichtlich in der Befürchtung, die Deutsche Kultur falle der »Vernachlässigung« anheim. »In Zeiten der Globalisierung« sei die Pflege »unserer Kultur« besonders wichtig. »Unsere Kultur«, das sei die Deutsche. »Kultur ist etwas Nationales« und Berlin, als »Zentrum einer Gesellschaft und Nation müsse dem Rechnung tragen«.

Die Gruppe Dialog weist im deutlichen Gegensatz dazu darauf hin, dass man »liberal gegenüber allen kulturellen Äußerungen« sein solle. Das Kulturverständnis der Gruppe Darstellung wird ebenso offen abgelehnt, wie die Vorstellung einer Hochkultur. Die Kulturarbeit des HKW wird demzufolge mit »Das HKW grenzt stark aus.« beschrieben. Man kultiviere dort eine »Pseudo-Aufgeschlossenheit«. Das HKW wird polemisch als ein »Tempel der Gutmenschen« beschrieben, dessen Kulturarbeit seinem eigenem Anspruch nicht gerecht werde. Kurzum: »Das HKW ist so politisch korrekt, dass es an Satire reicht.« Der Gegenentwurf der Gruppe

Dialog versuche daher »Ideologien« zu vermeiden. Nicht nur das Nichtdeutsche sondern jede kulturelle Äußerung innerhalb der deutschen und den anderen Kulturen solle Berücksichtigung finden: »Man sollte jede Art von Kultur fördern.« Die gewünschte Kulturarbeit des HKW bestehe dann darin, diesen Äußerungen öffentlich Raum geben zu können, als Anerkennung kultureller Vielfalt. Mit dieser Vorstellung von Kultur löst sich die Gruppe Dialog entsprechend von der Ansicht, gewisse Kultur sei nur in gewissen Räumen erlebbar: »Man benötigt keine Oper, um Musik zu kultivieren.« wurde z.B. in Bezug auf ländliche Musikvereine festgestellt.

Schlussbetrachtung

Das Erkenntnisinteresse dieser Arbeit bestand darin, die Kulturarbeit des HKW im Licht der öffentlichen Meinung zu betrachten. Zusammenfassend lässt sich für die von uns herausgearbeiteten Kultursemantiken feststellen, dass bei der zahlenmäßig dominierenden Gruppe Darstellung, das Verständnis von Kultur als nationaler Hochkultur vorherrscht. Es herrscht eine klare Trennlinie zwischen dem »Deutschen« und dem »Nicht-Deutschen«. Man ist verhaftet in der Vorstellung von Kultur als Einheit von Territorium, Sprache und Kunst und hängt damit den geopolitischen Visionen des Neunzehnten Jahrhunderts nach. Die kulturelle Begründung Deutschlands scheint hier u.E. deutlich durch. Dieses Kultur-als-Container-Denken führt dann, nebenbei bemerkt, zu der Feststellung einer Befragten, dass man die italienische Kultur nicht im HKW darstellen müsse, da man diese ja bereits aus dem Urlaub kenne. Unsere Analyse, dies sollte nicht vergessen werden, beruht nicht auf den Selbstbeschreibungen oder unserer Einschätzung der Kulturarbeit des HKW, sondern auf den Beschreibungen unserer Befragten. Deren Wahrnehmung der Kulturarbeit des HKW und die deutliche Kritik an dieser durch die Gruppe Dialog weisen in Bezug auf die Außenwirkung des HKW auf eine gewisse Unschärfe der vom HKW vertretenen Kulturvorstellungen.

Auswertung der Interviews im Abgeordnetenhaus

Dahlia Borsche und Laura Kraus

Im Rahmen eines Forschungspraktikums haben sich Studenten der Soziologie an der FU Berlin mit der Außenwahrnehmung des Hauses der Kulturen der Welt beschäftigt. In verschiedenen Arbeitsgruppen wurden Interviews mit Studenten einzelner Kulturwissenschaften einerseits und Politikern der Bezirks-, Landes- und Bundesebene andererseits durchgeführt. Dies ist der Forschungsbericht über die Interviewreihe im Abgeordnetenhaus.

Unser Ziel war es, ein Stimmungsbild über das Haus der Kulturen der Welt zu ermitteln, das uns die Frage beantwortet, welchen Stellenwert es als Kulturstätte in Berlin einnimmt. Wir sind dabei von der These ausgegangen, dass es zwar einen sehr guten Ruf genießt und als wichtige Institution angesehen wird, dass jedoch das Angebot nicht diesem Ruf zufolge genutzt wird. Um auf Landesebene mit Politikern ins Gespräch zu kommen, die sich auch in ihrem Amt mit Kultur in Berlin auseinandersetzen, haben wir uns auf den Ausschuss für kulturelle Angelegenheiten des Abgeordnetenhauses konzentriert. Dieser Ausschuss umfasst 22 Mitglieder und einen zusätzlichen Berater. Von diesen 23 Politikern konnten wir acht für ein Interview gewinnen, jeweils aus unterschiedlichen Parteien. Zusammenfassend kann man über unsere Interviewpartner sagen, dass sie alle einen hohen Bildungsgrad haben und durchweg einen starken Bezug zur Thematik des Hauses der Kulturen der Welt aufweisen, sei es durch ausländische Freunde, Urlaube ins außereuropäische Ausland oder berufliche Verpflichtungen. Wir befragten insgesamt fünf Männer und drei Frauen, das Durchschnittsalter betrug 40 Jahre. Zwei der Befragten hatten selbst einen Migrationshintergrund.

In den ersten drei Fragen ging es um quantitative Feststellungen, wie oft und zu welchen Veranstaltungen das Haus besucht wird. Alle Befragten waren schon mehr als einmal dort, doch nur wenige gehen jährlich mehr als zweimal zu einer Veranstaltung. Auf das Programm werden alle durch persönliche zugestellte Flyer und Broschüren aufmerksam gemacht, andere Werbung wird kaum oder gar nicht wahrgenommen. Wenn das

Auswertung der Interviews im Abgeordnetenhaus

Haus besucht wird, ist die Art der Veranstaltung sehr variabel, auffällig war lediglich, dass keiner der Befragten je zu einer Tanzaufführung ging.

Die Kritik bzw. Zustimmung dem Haus gegenüber war ebenfalls sehr unterschiedlich ausgeprägt. Durchschnittlich kann man jedoch sagen, dass keiner das Haus von Grund auf abgelehnt hat. Alle waren ihm also positiv gegenüber gestimmt, die Art der Beschäftigung – sei es durch Besuche oder darüber hinausgehendes Engagement – und damit verbunden die Fähigkeit der differenzierten Beurteilung wichen allerdings stark voneinander ab. Auffällig war, dass besonders scharfe und durchdachte Kritik von Politikern kam, die sich überdurchschnittlich viel mit der Thematik Migranten in Berlin allgemein und Haus der Kulturen speziell beschäftigten. Man kann also durchaus die folgenden Kritikpunkte als ernste Verbesserungsversuche lesen, sollte aber immer im Auge behalten, dass sie von durchaus positiv gestimmten Gesprächspartnern kommen. Die Frage sechs (»Ist es Ihnen wichtig, dass es in Berlin einen Ort gibt, an dem verschiedene Kulturen repräsentiert werden?«) wurde so auch durchweg mit der höchsten Wertung bejaht.

Bei Frage sieben wurde nach den Aufgaben des Hauses gefragt. Zu der Auswertung dieser Frage haben wir die Randbemerkungen, die bei den geschlossenen Fragen vier und fünf angefallen sind, miteinbezogen. Die teilweise sehr bezeichnenden Nebensätze, die während des Ankreuzens gesagt wurden, sind hier besonders gut einzubringen, da sie sich thematisch vor allem mit der Aufgabenstellung des Hauses beschäftigt haben. Aus den Antworten dieser drei Fragen konnten wir zwei kontrastierende Pole herausarbeiten, die die verschiedenen Meinungen gut kategorisieren. Außerdem sind uns drei Kritikschwerpunkte aufgefallen, die in mehreren Interviews zur Sprache kamen.

Das erste Polpaar kreist um das Thema der politischen Aufgabe des Hauses. Auf der einen Seite stehen diejenigen, die im Haus der Kulturen der Welt keinen politischen Auftrag erkennen. Ihrer Meinung nach soll es als reine Kulturstätte fungieren und sich auf das Präsentieren von Kunst beschränken. Die anderen konstatieren, dass das Haus sehr wohl eine politische Aufgabe habe. Es sollte ein Ort sein, an dem (über Kunst) Konflikte zwischen den Kulturen thematisiert und bearbeitet werden. Es sollte die Möglichkeit für symbolische Konfliktaustragung bieten und damit aktuelle Situationen der Gesellschaft aufnehmen. Dieser zweite Pol überwiegt etwas (5:3), es gibt also mehr Landtagsabgeordnete, die in dem Haus auch eine politische Seite zu erfüllen sehen. Sie sehen gleichzeitig diese Aufgabe überhaupt nicht erfüllt, es wurde sogar vermehrt angesprochen, dass kulturelle Konflikte nicht nur vernachlässigt, sondern sogar gemieden werden. Vertreter des ersten Pols waren währenddessen die politische Frage betreffend relativ zufrieden.

Die zweite Gegenüberstellung kann man mit den Begriffen Darstellung und Dialog beschreiben. Auf der einen Seite wird beanstandet, dass das Haus vor allem dazu da sei, verschiedene Kulturen zu präsentieren und zwar in Abgrenzung zueinander. Es soll eine Demonstration verschiedener Kulturformen und ihren Ausprägungen sein, die unterhält und/oder belehrt (»Silbertablett«). Vertreter dieser Auffassung bemängelten, dass im Programm zu viel Fusion und Verwischung passiere, die zu Unschärfe und Unübersichtlichkeit führe. Bei der entgegengesetzten Position wurde dagegen mehr Wert auf die Kommunikation der Kulturen gelegt. Es wurden mehrfach Stichworte wie Dialog und Begegnung genannt. Wieder ist hier der zweite Pol stärker vertreten als der erste, diesmal sogar ausgeprägter als beim ersten Paar. Kommunikation ist also ein wichtiges Stichwort, wenn es um die Aufgaben des Hauses geht. Die Arten der Kommunikation wurden allerdings sehr vielfältig beschrieben. Ein besserer Kontakt zur Berliner Künstlerszene, eine Zusammenarbeit mit Schulen, Dialog zwischen den unterschiedlichen Kulturen, aber vor allem der Kontakt zum Berliner Bürger außerhalb eines Spezialistenpublikums wurde gewünscht. Aufschlussreich hierbei war, dass die Vertreter des »Kommunikations-Pols« die deutlich stärkeren Kritiker des Hauses waren. Das lässt den Rückschluss zu, dass die Aufgabe, die in der Mehrheit vom Haus gefordert wird, nicht zufrieden stellend oder gar nicht realisiert wird.

Die drei nun folgenden Kritikschwerpunkte lassen sich nicht gut in Kontrasten darstellen. Es sind Bemerkungen, die von Vertretern der verschiedenen Pole immer wieder gemacht wurden und deshalb hier auf jeden Fall Erwähnung finden sollten. Es sei noch einmal betont, dass hier nur die fruchtbare Kritik besprochen wird, die positive Grundstimmung aber nicht vergessen werden darf, weil sich sonst das Bild zum Negativen verzerrt.

Die Hälfte der Interviewpartner sah das Haus als einen Ort, der sich am besten mit dem Begriff »Glaskasten« umschreiben lässt. Das Programm habe nur Zugang für Spezialisten, sei überhöht oder abgehoben. Demzufolge leide das Haus in seiner Selbstwahrnehmung auch an einer elitären Selbstüberschätzung. Leider wurden diese Bemerkungen nie konkretisiert, so dass hier nur ein Stimmungsbild wiedergegeben werden kann, ohne direkte Bezüge herstellen zu können.

Der nächste Punkt ist oben schon einmal angeklungen. Er bezieht sich auf das Verwischen zwischen den Kulturen, aus denen eine Oberflächlichkeit resultiert. Interessanterweise haben auch Vertreter, die genau diese Mischung gefordert haben, auch die generelle Programmgestaltung als zu ambivalent und unklar beschrieben. Nimmt man beide Meinungen zusammen, kann man sagen, dass fünf der Politiker eine klare Linie am Haus vermissen.

Der letzte Punkt scheint uns am wichtigsten und wird auch von einer großen Mehrheit (sechs von acht) der Interviewpartner angesprochen. An den verschiedensten Stellen, zum Teil mehrmals in einem Interview, sei es bei Fragen zu der Gestaltung des Ortes, des Programms oder der Botschaft, wird beanstandet, dass das Haus merklich hinter seinen Möglichkeiten zurückbleibe. Unserer Meinung nach symptomatisch für die Probleme des Hauses wird hier bemerkt, dass die Chancen nicht oder nicht genügend genutzt werden. Chancen, sich in Berlin klar zu positionieren, eine politische oder kulturelle Aussage zu treffen, zum Dialog aufzurufen und die Menschen in der Stadt zu erreichen.

Die achte Frage sollte ermitteln, wie wichtig das Haus den Befragten persönlich sei (»Würde Ihnen etwas fehlen, wenn das HKW nicht mehr existiert?«). Wir fragten, ob ihnen das Haus fehlen würde, wenn es nicht existierte und bekamen fünf von acht positive Antworten. Die Einteilung in positive und negative Antworten ist jedoch zur Auswertung dieser Frage nicht hinreichend. Die persönliche Relevanz des HKWs wurde nämlich eher in der anschließenden Frage nach möglichen Alternativangeboten in Berlin ersichtlich. Nicht alle fünf, die es vermissen würden, schienen die Frage aus persönlicher Überzeugung zu beantworten, sondern blieben in ihrer politischen Rolle verhaftet. So war besonders bei zweien deutlich wahrzunehmen, dass die angemessen wirkende Bejahung mehr aus der Interviewsituation resultierte und die Trennung von politisch-repräsentativer und persönlicher Meinung nicht gänzlich vollzogen wurde. Dementsprechend viele Institutionen konnten diese beiden Abgeordneten nennen, die für sie Alternativen zum HKW darstellen.

Insgesamt wurden bei fast allen ‚Untertönen' ersichtlich, die sich in zwei verschiedenen Richtungen zusammenfassen lassen. So gestand eine Gruppe (sechs Befragte) dem Haus eine Einzigartigkeit zu, nur zwei glaubten, es gäbe schon genug andere Institutionen in Berlin. Von den sechs Interviewpartnern, die im HKW etwas Besonderes sahen, waren jedoch zwei der Meinung, das Haus sei für sie persönlich irrelevant. »Mit Bedauern« bemängelten sie dessen momentanen Zustand, der ihre Erwartungen nicht erfüllt. Aber sie beide sehen das Potential des Hauses, aus der jetzigen Ersetzbarkeit auszutreten und ein neues Qualitätsformat zu erlangen.

Die Frage, ob für »nicht-deutsche« Kulturen mehr Geld ausgegeben werden sollte, fand dagegen fast einstimmige Zustimmung. Von acht Befragten war sich nur einer nicht sicher mit seiner Antwort. Er kritisierte die momentane Verwendung der Mittel, die in seinen Augen falsch verteilt würden. Nicht die Menge an Geld sei entscheidend, sondern der gezielte effektive Einsatz. So meinte er, man solle von der ausschließlichen Unterstützung der Hochkultur absehen und eher kleinere Künstler fördern.

Die anderen sieben Abgeordneten waren der Auffassung, dass eine Steigerung der Ausgaben für »nicht-deutsche« Kultur notwendig sei, wobei jedoch die Definition des Begriffes »nicht-deutsch« unklar blieb. Deshalb ließen sich aus den jeweiligen Antworten auch keine Pole herausfiltern, da das Feld nicht genügend abgesteckt wurde. In verschiedene Richtungen entwickelten sich die Aussagen, doch blieben sie meist auf eine politische Diskussion bezogen. So regte die Frage häufig eine Beschäftigung mit dem Thema Kulturdifferenzierung /-vermischung und Integration an. Auffallend war hierbei jedoch, dass die Abgeordneten, die sich vermehrt einen Dialog der Kulturen im HKW wünschten, auch die Frage nach der Finanzierung sehr differenziert betrachteten und eher eine Diskussion über die »Völkerverständigung« oder »Konfliktlösung« anregten. Die Tatsache, dass Geld für Kultur ausgegeben werden sollte, war in diesen Fällen eher eine unabdingbare Voraussetzung. Deshalb fand im Gespräch auch keine dezidierte Trennung zwischen deutscher Kultur und nicht-deutscher Kultur statt. Es ging diesen Befragten vor allem um die politische Aufgabe, die Kultur habe, und darum, wie die tradierten Überzeugungen von regional/national zu fördernder Kultur aufgebrochen werden können.

Bei dieser Frage ist außerdem noch eine klare Einteilung der Befragten möglich, die sich mit unserem Eindruck der vorherigen Antworten jeweils deckt. Diejenigen Abgeordneten, welche eher die Position der Differenzierung und Präsentation von verschieden Kulturen vertraten, blieben in der Diskussion der neunten Frage eher plakativ und antworteten unverbindlich, es werde »nie genug« Geld für Kultur ausgegeben. Auf eine tiefere Diskussion ließen sie sich weniger ein. Dagegen zeigten sich die Abgeordneten, die einen Kulturdialog wünschten, offener, und es schien bei diesem Punkt ihre politische und persönliche Leidenschaft geweckt worden zu sein.

Dennoch bleibt die Frage bestehen, warum die Interviewpartner trotz ihrer positiven Ansichten über das Haus der Kulturen der Welt selbst nur wenige Veranstaltungen dort besuchen. Unsere anfangs gestellte These sehen wir zwar bestätigt, doch scheinen die Gründe für dieses Phänomen nicht eindeutig feststellbar zu sein. Viele Befragte haben zwar eine relativ gute Meinung über das Haus, doch bleiben ebenfalls viele Kritikpunkte daran bestehen. Sehr entscheidend hierbei ist die Erwartung, die die Mehrheit an das Haus stellt. Eine politische Aufgabe, die es als Stätte für verschiedenste Kulturkreise und ihre verschiedenen Kunstproduktionen hat, werde in den Augen der Meisten nicht erfüllt. Vor allem daran hängt sich der Großteil der Kritik auf. Die Förderung von Austausch und der Diskurs über Fragen der Völkerverständigung würden zu wenig praktiziert. Diese Kritik weist auf einen Punkt hin, der besonders spannend ist in Hinsicht auf das Besucherverhalten der Befragten. Die Forderung nach Völkerverständigung ist eine Aussage, die politisch motiviert ist, und man kann dahinter vermuten, dass diejenigen, die es fordern, sich nicht selbst als Zielgruppe dieser notwendigen Auseinandersetzung sehen. Wenn man sich selbst als aufgeklärt und offen genug empfindet, scheint es nicht nötig, selbst an diesem Diskurs teilnehmen zu müssen.

An diesem Punkt kann ein Rückgriff auf die oben angeführten Frage nach der persönlichen oder öffentlichen Bereicherung durch das HKW vollzogen werden, da – wie bei der Auswertung der achten Frage bemerkt – auffällt, dass die Abgeordneten, die das Haus persönlich schätzen, diese Ansicht über Kulturverständigung teilen. Zwar fühlen sie sich vom Angebot des Hauses angesprochen und halten seine Existenz für wichtig, doch sehen sie mehr Bedarf, eine andere Zielgruppe zu erreichen. So scheint die öffentliche Bereicherung, die das HKW darstellt, bzw. darstellen soll, doch wichtiger, als die persönliche. Dies könnte ein Grund für die oben angeführte These sein, warum niemand unserer Interviewpartner trotz der guten Meinung über das Haus der Kulturen der Welt es selbst häufiger besucht.

Letztendlich kann man sagen, dass in unserer Gruppe der Landtagsabgeordneten eine erstaunliche Diskrepanz zwischen Reden und Handeln besteht, die schwer zu deuten ist. Bei den meisten Antworten hatte man das Gefühl, über einen wirklich wichtigen und unersetzlichen Veranstaltungsort zu sprechen, über den nachgedacht und der kritisiert wird, dennoch geht keiner der Befragten mehr als ein paar Mal jährlich dorthin. Das kann natürlich einerseits den Grund haben, dass gerade Mitglieder des Kulturausschusses sich von Amts wegen mit noch unzähligen anderen Orten beschäftigen müssen, dann wäre jedoch immer noch unverständlich, warum der besondere Wert des HKW so hochgehalten wird.

Viele der angesprochenen Kritikpunkte halten wir für durchaus berechtigt und hoffen, dass diese vom HKW selbst ernsthaft entgegengenommen werden. Viel weitreichender sollte man sich jedoch fragen, welchen Platz Migrantenkultur in unerem Leben einnimmt und weiterhin einnehmen soll. In unserer Gruppe und auch in der Zusammenarbeit mit den anderen Gruppen haben wir den Eindruck bekommen, dass ein Gespür für die Brisanz des Themas zwar da ist, dass aber im Endeffekt niemand, der nicht unmittelbar (durch eigenen Migrationshintergrund etwa) betroffen ist, in seinem Leben einen Platz findet, sich dem Thema auch real zu öffnen. Unserer Meinung nach müsste ein Ort wie das HKW genau hier einsetzen.

Auswertung der Gruppe Kulturämter

Edna Linsen und Madlen Werner

Im Folgenden stellen wir die Ergebnisse einer Untersuchung über die Außenwirkung des Hauses der Kulturen der Welt (HKW) vor. Die Ergebnisse wurden aus offenen Fragen gewonnen. Die Zielgruppe unserer Befragung waren die MitarbeiterInnen verschiedener Kulturämter der Stadt Berlin.

Im Ganzen führten wir acht Interviews in den Kulturämtern der Bezirke Friedrichshain/Kreuzberg, Neukölln, Wilmersdorf/Charlottenburg und Steglitz. Wobei wir sowohl LeiterInnen als auch MitarbeiterInnen verschiendenster Tätigkeitsbereiche, vom Pförtner bis hin zum leitenden Angestellten, befragen konnten.

Es folgt eine zusammengefasste Darstellung der Ergebnisse sowie eine allgemeine Interpretaion der gewonnen Informationen.

Anhand der Interviews können vier Punkte ausgemacht werden, welche eine zentrale Rolle annehmen, will man die Außenwirkung des HKW auf MitarbeiterInnen von Kulturämtern erkunden. Aus diesem Grund basiert die folgende Auswertung nur auf einigen wenigen Fragen des Fragebogens sowie auf den Gefühlsprotokollen, die wir im Anschluss an die jeweiligen Interviews gemeinsam angefertigt haben.

Als erster Punkt ist die persönliche Wahrnehmung des HKW zu benennen. Um der Frage nachzugehen, wie die einzelnen MitarbeiterInnen persönlich das HKW wahrnehmen, wurden die zwei Fragen des Fragebogens »Waren Sie schon mal im HKW?« und »Wie werden Sie auf das Angebot des HKW aufmerksam?« als Indikatoren aufgefasst – für eine eher »positive Wahrnehmung der Außenwirkung« zum Einen und eine »negative Wahrnehmung der Außenwirkung« zum Anderen. Unsere Untersuchung hinsichtlich dieser Pole hat ein ausgeglichenes Verhältnis ergeben. Von acht Befragten haben vier ein positives Bild und vier ein negatives Bild der Außenwirkung des HKW. Dem Pol »positive Wahrnehmung der Außenwirkung« haben wir Aussagen zugeschrieben, wie: »Ich fühle mich durch das Programm und die Werbung des HKW angesprochen«. So besuchten vier der Befragten das HKW regelmäßig, dies schreiben wir auch der positiven Wahrnehmung zu. Der negativen Wahrnehmung teilen wir die vier Befragten zu, die das HKW nur aus beruflichen Gründen besuchen, und auch nur durch ihre Arbeit in einem Kulturamt auf Veranstaltungen im HKW aufmerksam werden.

Den zweiten Punkt stellt die Frage nach dem persönlichen Bezug zum HKW »Was für einen persönlichen Bezug haben Sie zum HKW?« dar. Hier haben fünf der insgesamt acht Befragten angegeben, sie hätten einen persönlichen Bezug. Der meistgenannte Grund hierfür ist das Interesse an fremden Kulturen. Darüber hinaus gaben alle Befragten an, dass es für sie eine berufliche Notwendigkeit gibt, sich mit dem HKW auseinander zu setzen.

An dritter Stelle steht die Frage des Status des HKW, also ob den Befragten etwas fehlen würde, wenn das Haus nicht mehr existieren würde. Die Auswertung hat ergeben, dass fünf der Befragten etwas fehlen würde, dreien hingegen nicht. Wiederkehrende Schlagworte bei den Befragten, denen etwas fehlen würde, waren: »Kulturelle Vielfalt« und »Integration«. Diejenigen unter den Befragten, denen nichts fehlen würde, waren alle der Meinung, dass das HKW nicht den Ansprüchen genügen würde, weil es nicht in der Lage sei, einem breitem Publikum die Chance zu geben, durch seine Veranstaltungen kulturelle Vielfalt kennen zu lernen. Schlagworte wie »Exotenkultur« fielen.

Den letzten zentralen Punkt stellt die finanzielle Ausstattung des HKW dar. Sieben der acht Befragten waren der Meinung, dass mehr Geld für »nichtdeutsche« Kulturen ausgegeben werden sollte. Wobei eine Befragte die Ansicht vertrat, dass es eine »nichtdeutsche Kultur« nicht gibt, sondern viel mehr eine »Weltkultur«, für welche aber durchaus mehr Geld ausgegeben werden sollte. Lediglich eine Person war der Meinung, dass es nötiger wäre, die deutsche Kultur zu fördern, anstatt Zitat: »fremde Kulturen reinzuholen«.

Kommen wir nun abschließend zur Interpretation der Informationen. Insgesamt ergaben unsere Auswertungen ein recht divergierendes Bild. Schon bei der Betrachtung der ersten beiden Fragen fällt auf, dass jeweils die Hälfte der befragten MitarbeiterInnen eine positive bzw. negative Wahrnehmung des HKW hat. Die befragten MitarbeiterInnen der Kulturämtern stehen dem HKW zwar kritisch, aber in weiten Teilen positiv gegenüber. So würde beispielsweise über der Hälfte der Befragten etwas fehlen, wenn es das HKW nicht mehr geben würde. Die berufliche Nähe der Befragten zum Thema war deutlich zu erkennen und der Eindruck, dass die Interviewten nicht zwischen ihrem persönlichen und beruflichen Standpunkt, beziehungsweise Interesse, differenzieren konnten, wurde oft erweckt. In weiten Teilen der Interviews vermittelte bzw. festigte sich dieser Eindruck, indem die Befragten immer wieder nachfragten, ob ihre persönliche Meinung gefragt sei. Es ist zu vermuten, dass die MitarbeiterInnen von Kulturämtern sich im Bezug auf Kultur nicht mehr als reine Privatperson verstehen können und unvermittelt auch Ihre Perspektive als Teil der Berliner Kulturszene zum tragen kommt.

Das Thema Geld spielte oft eine große Rolle. Gerade, aber nicht ausschließlich, bei dem leitenden Personal wurde ein gewisses Unverständnis für die immense finanzielle Unterstützung des HKW deutlich, da in ihren eigenen Ämtern die Gelder zunehmend gekürzt würden. Dies wird besonders deutlich im Zusammenhang der finanziellen Förderung interkultureller Dialoge über die Präsentation »nichtdeutscher Kultur«. Hier überwiegt eindeutig die Meinung, dass mehr Geld investiert werden sollte, jedoch nicht zwingend ins HKW. Dieser Standpunkt wurde von sieben der acht Befragten vertreten.

Einen Faktor darf man bei der Analyse dieser Untersuchung jedoch auf keinen Fall vernachlässigen: Zwei der von dieser Untersuchung betroffenen Kulturämter sind jene Bezirke mit dem zweit- bzw. drittgrößten Ausländeranteil der Stadt Berlin – Friedrichshain/Kreuzberg und Neukölln[1]. Diese Kulturämter haben in Ihren Bezirken auch kulturelle Einrichtungen oder spezielle Veranstaltungen, die zum Einen auf die Bedürfnisse der MigrantInnen und zum Anderen auf die Verständigung zwischen den Kulturen eingehen. So wundert es nicht, dass ein Unverständnis über die Höhe der finanziellen Zuwendungen des HKW unter den MitarbeiterInnen der Kulturämter besteht.

---

1 Statistisches Landesamt Berlin: Pressemitteilung vom 21.04.2006.
URL http://www.statistik-berlin.de/pms2000/sg03/2006/06-04-21.pdf (10.12.2007)

Abschlussbericht Gruppe Bezirksämter

Ishtar Aljibiri, Natacha Euloge und Yana Heussen

Einleitung

»*Das Verbindende sind ja dann die vielen unterschiedlichen Kulturen.*«
In der Auseinandersetzung mit dem Begriff Kultur und kulturellem Verständnis, eröffnen sich durch die Globalisierung neue Perspektiven, welche beispielsweise die Auffassung von kultureller Identität oder sozialem Habitus neu definieren. Das Augenmerk dieser Studie gilt dem Haus der Kulturen der Welt, welches als staatliche Institution die Aufgabe des kulturellen Austausches wahrnimmt.

Dabei stellt sich die Frage, inwieweit das Haus der Kulturen der Welt dieser Aufgabe gerecht wird.

Der folgende Bericht stellt den Abschlussbericht unserer Untersuchung bezüglich der Außenwirkung des Haus der Kulturen der Welt vor, deren Schlussfolgerungen uns zu unserem Hauptziel führt, nämlich zur wenigstens partiellen Beantwortung der Frage, wie offen das Verständnis von Kultur von den Bürgern Berlins ist. Der Standortvorteil Berlin ergibt sich nicht nur durch den Sitz des Haus der Kulturen der Welt, sondern ebenfalls durch die Zusammensetzung seiner Bewohner: in Berlin leben Menschen aus über 100 verschiedenen Ländern.

In diesem Rahmen wurden insgesamt über 100 Personen befragt. Die Befragung fand innerhalb verschiedener staatlicher Institutionen (Bezirks- und Kulturämter, Landtag und Parlament und Universität [Studenten]) statt.

Der folgende Bericht stellt die Ergebnisse der Befragung auf Ebene der Bezirksämter vor.

Vorgehen und Fragestellung

Bei der Auswertung unserer Interviews ist uns aufgefallen, dass sich die Befragten grob in zwei Gruppen teilen lässt: Eine Gruppe kennt das Haus der Kulturen der Welt und besucht es auch. Die andere Gruppe kennt das Haus der Kulturen der Welt zwar ebenfalls, jedoch besucht diese Gruppe das Haus nicht.

Uns interessierte, welche Gründe die Befragten für einen Besuch des Haus der Kulturen der Welt bzw. für einen Nicht-Besuch hervorbrachten. Mit dieser Fragestellung bei der Auswertung der Interviews konnten wir zwei Faktoren entdecken, die grundlegend die Entscheidung beeinflussen, ob jemand in das Haus der Kulturen der Welt geht oder nicht.

Zum einen wird die Einstellung gegenüber dem Haus der Kulturen der Welt vom Selbstbild bestimmt, zum anderen von der Wahrnehmung des Haus der Kulturen der Welt.

Parallel zu diesen eher Struktur bezogenen Auswertungen gingen wir einer Auffälligkeit nach, die uns bereits nach dem ersten Interview als Zwiespältigkeit innerhalb der Antworten auffiel: Befragten wir unsere Interviewpartner nach ihrer persönlichen Meinung, erhielten wir oft Antworten mit anderen Tendenzen als z.B. bei den geschlossenen Fragen. Wir bemerkten, dass die Befragten zwischen Ihrer Rolle als Beamte und ihrer Rolle als Privatperson unterschieden und gegebenenfalls auch unterschiedliche Meinungen hatten. Diese Personen sehen das Haus der Kulturen der Welt als Institution, die Ihnen beruflich wichtig sein sollte. Als Privatperson interessieren sie sich aber nicht für das Haus der Kulturen der Welt.

Selbstbild

Das Selbstbild bezeichnet die Vorstellung, die jemand von sich selbst hat. Entweder hatten unsere Interviewpartner ein Selbstbild, in dem nichtdeutsche Kulturen als wichtig und als Teil ihres sozialen Alltags empfunden werden, oder nicht.

Wahrnehmung

Die Wahrnehmung des Haus der Kulturen der Welt betrifft die persönliche Einschätzung des Hauses. Entweder wird das Haus als eine wichtige und erhaltenswerte Institution in Berlin wahrgenommen, oder nicht.

Auswertung

»Personen, die das Haus der Kulturen der Welt besuchen«

Es gehen die Personen in das Haus der Kulturen der Welt, welche ein persönliches Interesse daran haben, sich mit nichtdeutschen Kulturen über den sozialen Alltag hinaus, auseinanderzusetzen. Sie empfinden das Haus der Kulturen der Welt als wichtige Institution.

»Gemeinsame Erfahrungen machen«

Personen, die das Fremd sein bzw. das Anders sein erfahren haben, konnten sich mit der »Mission« des Haus der Kulturen der Welt meistens identifizieren. Da sie die Anerkennungen des Anders sein als sehr wichtig empfanden, um Konflikte zu vermeiden bzw. zu lösen.

Eine Interviewpartnerin, die Sinti Vorfahren hat, kennt die Problematik der Exklusion aus der eigenen Familiengeschichte. Während des Nationalsozialismus haben ihre Eltern ihre Herkunft verleugnen müssen. Um sich nicht in Gefahr zu bringen, hat die Familie das Thema »Herkunft« tabuisiert. Unsere Interviewpartnerin beschäftigt sich umso mehr mit dem Thema fremde Kulturen. Sie ist eine begeisterte Haus der Kulturen der Welt Besucherin und geht auch zu Veranstaltungen ähnlicher Art. Sie hat in den Golfstaaten gearbeitet und unterstützt in Berlin Künstler Netzwerke aus Afrika.

Das Anders sein ist ein Teil ihres Selbstbildes und passt somit zum Haus der Kulturen der Welt. Das Haus der Kulturen der Welt ist für sie ein notwendiger Raum für Begegnungen zwischen Menschen und Kulturen. Solche Räume fördern für sie die »Integration« der Migranten in dem Land und haben eine Konflikt mindernde Wirkung. »Kriege lassen sich nicht verhindern in dem wir uns nicht begegnen.«

»Personen, die das Haus der Kulturen der Welt nicht besuchen«

Personen, die zwar Interesse an anderen Kulturen haben, aber sie nicht als Teil der eigenen Persönlichkeit verstehen, gehen nicht ins Haus der Kulturen der Welt. Persönlich empfinden sie das Haus der Kulturen der Welt als unwichtige Institution. Dennoch handelt es sich für diese Leute beim Haus der Kulturen der Welt um ein »Wahrzeichen Berlins«.

»Das ist schon ein wichtiges Symbol für Berlin«
Zum Selbstbild dieser Interviewten passt das Haus der Kulturen der Welt als eine Berliner Einrichtung, die ihren Staat repräsentiert. Das Haus der Kulturen der Welt präsentiert Berlin als Hauptstadt und als Ort, an dem viele Menschen aus anderen Kulturen Leben. »Gerade für die Hauptstadt ist das wichtig und vor allem, weil hier viele Ausländer leben.« Das Haus der Kulturen der Welt verkörpert für sie einen Ort der Kulturoffenheit. Allerdings spiegelt es nicht die Deutsche Kultur wieder. Sie selber fühlen sich vom Programm nicht angesprochen. Auf die Frage, ob es für sie schade wäre, wenn es das Haus nicht gäbe, sagten sie »für mich persönlich nicht, aber für die Stadt schon«.

Die Befragten waren mittelbar oder unmittelbar von allgemeinen Kürzungen im kulturellen Bereich in ihrem Arbeitsbereich betroffen und identifizierten sich mit den Kürzungen.

In dieser Gruppe befand sich eine zweite Ausprägung mit der Tendenz, ein Selbstbild mit multikulturellem Anspruch zu haben, dem jedoch nicht nachgegangen wird.

Personen, die kein persönliches Interesse daran haben, sich mit nichtdeutschen Kulturen, über den sozialen Alltag hinaus, auseinanderzusetzen, gehen nicht in das Haus der Kulturen der Welt. Sie stufen das Haus der Kulturen der Welt als unwichtige Institution ein.

»Eine Ecke, die künstlich am Leben gehalten wird aus der Zeit des kalten Kriegs. (...) das Kulturleben findet nicht dort statt«.

Unser folgender Interviewpartner unterscheidet zwischen künstlich erzeugter Kultur und solcher, die von alleine entsteht. Wobei unter künstlich der staatliche Auftrag des Haus der Kulturen der Welt gemeint war.

Im Gespräch hat er eine defensive Haltung eingenommen, weil er glaubte, ich (Befragende ist selbst Migrantin) sei eine Mitarbeiterin des Haus der Kulturen der Welt, obwohl ich dies mehrmals verneinte. Das Haus der Kulturen der Welt ist für ihn eine staatliche Institution. Er verstand sich jedoch als alternativer Künstler (neben seiner Tätigkeit als Beamter).

»Ich bin jemand, der an Kunst sehr interessiert ist, und mache selber Musik ... aber dort [im HKW, Anm. d. Autorin] spielt sich die Kultur nicht ab.«

Wenn er Menschen aus anderen Kulturen begegnen möchte, dann verreist er.

Auf die Frage, ob man für nichtdeutsche Kultur mehr Geld ausgeben soll, antwortete er mit der Gegenfrage: »Warum? Man soll für Deutsche Kultur mehr Geld ausgeben... Kultur entsteht doch von alleine wie in Prenzlauerberg. Man kann das nicht künstlich erkaufen«.

Interpretation zu Selbstbild, Wahrnehmung und Rolle

Menschen, die gesagt haben, das Fremde ist ein Teil meiner Persönlichkeit, aber das Haus der Kulturen der Welt ist keine wichtige Institution, hatten wir nicht innerhalb der Interviewten. Das heißt, dass nur die persönliche Erfahrung eine Sensibilisierung für das Thema »Fremde Kulturen und ich« hervorbringt. Zudem wird dann auch eine öffentliche Thematisierung erwünscht. Es existiert eben kein Konsens über die Platzierung des Fremden innerhalb des sozialen Alltages.
Stimmt das Selbstbild mit der Wahrnehmung des Haus der Kulturen der Welt nicht überein, so fühlen sich die Leute nicht angesprochen.

Die Befragten wurden an ihrem Arbeitsplatz befragt. Als Beamte legen sie großen Wert auf politisch korrekte Aussagen.

Aus den Interviews geht hervor, dass die persönliche Einstellung zum Haus der Kulturen der Welt nicht mit der beruflichen Einstellung (Beamte, politisch korrekte Ausdrucksweise) übereinstimmt.
Persönlich würde eine Schließung des Haus der Kulturen der Mehrheit der Interviewpartner nichts ausmachen, da sie das Angebot persönlich nicht anspricht und sie demnach selber nicht hingehen.

Der Widerspruch von persönlichem und beruflichem Interesse als Beamte wird durch folgende Aussagen einer Interviewten verdeutlicht. Sie sagte, dass es einem immer wehtun würde, wenn eine Berliner Kulturstätte schließt. Sie erzählte jedoch im selben Interview, dass für sie persönlich das Haus der Kulturen der Welt keine Bereicherung darstellt und sie deswegen auch nicht hinginge.

Auf die Frage, ob für solche Einrichtungen mehr Geld ausgegeben werden soll, antwortete kaum jemand mit »nein«. Es scheint, als ob die Befürchtung, nicht politisch korrekt zu wirken, eine Rolle spielt.

Die eigene Herkunft spielt eine große Rolle, das Angebot des Haus der Kulturen der Welt wahrzunehmen.

Im Anhang können die Arbeitsschritte verfolgt werden.

Erkenntnisprotokolle

Das Wunderbare an einer Projektarbeit ist, dass wir einerseits in einem kleinen Team arbeiten konnten. Anderseits hatten wir im Seminar die Möglichkeit, uns mit den anderen Teams auszutauschen. Hinzu kam das Wissen von Dr. Hager und Dr. Pollück, das uns über einige Hürden hinweghalf.

Während der Phase der Evaluation diskutierten wir viel und erweiterten unser Wissen. Am Ende der Befragungsphase reichte es also nicht, einfach die Fragen auszuwerten. Als angehende Wissenschaftler haben wir zwar gelernt, uns auf bestimmte Methoden zu konzentrieren, manchmal sogar zu versteifen. Wir wollten aber die Antworten aus den Interviews auch mit unserem durch das Seminar erweiterten Wissen in einen Kontext bringen. Wir denken, dass das auch zu den Aufgaben eines Wissenschaftlers zählt.

Bevor wir unsere Auswertung in eine Textform bringen konnten, mussten wir uns also darüber bewusst werden, was wir eigentlich herausgefunden hatten.

Dazu haben wir uns gegenseitig interviewt und daraus die folgenden Erkenntnisprotokolle erstellt:
Wenn man sich selbst kennt, lernt man die anderen kennen

Das Haus spielt eine sekundäre Rolle. Es geht bei der Untersuchung um die Einstellungen, die dahinter stecken. Es geht um Vorurteile, Vorurteilen bedeutet ein Urteil über eine Sache oder Gegenstand zu fällen, ohne sich dabei jenen anzunähren.

Das Problem von Vorurteilen ist nicht, dass ich eine bestimmte Meinung schon im Vorfeld über irgendjemanden habe, sondern, dass ich mich nicht mit den Gründen beschäftige, weswegen jemand so ist wie er ist, und ob ich in seiner Situation bzw. Kontext nicht ähnlich handeln würde.

Es gab Interviewpartner, die hätten alles unterschrieben, was mit »Multikulti« zutun hat, eine Art positives Vorurteil. Ich halte es für naiv, da sie dem Mythos, der Ideologie, aber nicht der Sache anhängen.

So lohnt es sich immer zu differenzieren. Vorurteile haben Menschen, um sich vor ungewohnten Situationen oder Menschen zu schützen, doch in den seltensten Fällen tragen diese zur Problemlösung bei. Dabei würde es sich oft geradezu lohnen, auf das Unbekannte zuzugehen und sich damit zu beschäftigen. Aber um andere kennen lernen zu können, muss man bereit sein, sich selbst zu kennen.

Fühlbar waren die Antworten der Interviewpartner emotional gefärbt – sie hatten zum Thema nicht nur eine Meinung sondern auch ein Gefühl. Eine meiner Interviewpartnerinnen war vom Haus überaus begeistert, und das Gespräch dauerte über eine Stunde. Ein anderer wirkte auf mich wiederum sehr trotzig. Er dachte, obwohl ich gegenteiliges mehrmals betont hatte, dass ich vom Haus der Kulturen der Welt wäre. Ich bemerkte, dass er »diese Multikultischiene«, wie er es bezeichnete, als etwas von oben diktiertes empfand. Ein interessanter Aspekt, in Anbetracht seiner Tätigkeit als Beamter. Ich frage mich, ob sein Trotz der »Multikultischiene« oder dem Staat galt.

Es gab aber auch differenzierter argumentierende Interviewpartner, von denen ich etwas über das Haus der Kulturen der Welt lernte.

Zum Schluss noch eine Bemerkung zur Frage 9 (»Soll man für nichtdeutsche Kulturen (mehr) Geld ausgeben?«). Ich finde, dass man anhand dieser Frage nicht auf die Einstellung der Leute schließen kann.

Menschen haben ganz unterschiedliche Einstellungen zu Geld und denken, dass gute Organisationen mit Geld auch ruiniert werden können.

»Ich persönlich?«

Bereits bei den Interviewanfragen fiel auf, dass die meisten das Interview nicht geben wollten. Sie sagten, sie kennen das Programm des Haus der Kulturen der Welt nicht oder zu wenig, um dazu Fragen beantworten zu können.

Nachdem ich bei diesen ersten Kontaktaufnahmen betonte, dass es um den persönlichen Eindruck gehe, den das Haus bei Berlinern hinterlasse, stimmten einige dem Interview zu – sie schienen froh, dass es um ihren ehrlichen Eindruck ging. Trotz dieser »Vorarbeit« schwindelten Interviewte und gaben bei der Befragung vor, sie hätten das Haus besucht. Bei genauerem Nachfragen konnten sie sich aber nicht mehr an die Veranstaltung erinnern oder verwechselten das Haus mit einem anderen Veranstaltungsort.

Daraus folgere ich, dass es als eine Pflicht wahrgenommen wird, das Haus der Kulturen der Welt zu besuchen. Ein Nicht-Besuch führt zu einem schlechten Gewissen, das während den Gesprächen beobachtet werden konnte. Es war aber im zweiten Schritt mit viel Arbeit verbunden, diese Ambivalenz aufzudecken und sie zu verstehen. Denn es handelte sich wirklich nicht um ein schlechtes Gewissen, weil man gerade geflunkert hatte im Interview. Es wird als Pflicht empfunden, das Haus besucht zu haben. Irgendeinmal habe ich gemerkt, dass ich selber genau dieser Ambivalenz unterliege und auch oft denke, da müsste ich eigentlich öfter hingehen.

Die Interviewten befürworten politisch einen Ort wie das Haus der Kulturen der Welt, sehen jedoch keinen persönlichen Bezug zu dieser Einrichtung.

Die Motivation zur persönlichen Begegnung mit anderen Kulturen war sehr niedrig, wurde aber als Pflicht aufgefasst und zeigte sich dann im Interview als schlechtes Gewissen, als nicht erfüllte Pflicht. Die Fehler wurden dann beim Haus der Kulturen der Welt gesucht: Es sei zu elitär, es sei für andere Kulturen ein Treffpunkt, das Programm sei nicht ansprechend oder die Altersgruppe eine andere.
Viele kennen darüber hinaus das Haus vom Spazieren im Park oder vom Vorbeifahren – das Programm aber bleibt unbekannt, und auch während des Spaziergang es wagen die Befragten keinen Schritt ins Haus hinein?

Interessanterweise war der Eindruck, den das Haus hinterlässt, mehrheitlich positiv. Die Frage bleibt, warum viele der Befragten das Haus der Kulturen der Welt nicht besuchen, es persönlich nicht nutzen, es aber als Berliner Institution trotzdem beibehalten wollen.

Aus den Antworten geht wie erwähnt hervor, dass die Gründe hierfür beim Haus und seinem Programm gesucht werden und nicht bei den Interviewten selbst.

Die Passivität gegenüber der Begegnung mit vermeintlich fremden Kulturen ist mir sehr aufgefallen.

Die Mehrheit der Befragten gab an, dass es ihnen wichtig sei, in Berlin einen Ort zu wissen, an dem fremde Kulturen präsentiert werden. Aber nur noch der Hälfte dieser Gruppe würde persönlich etwas fehlen, wenn es das Haus nicht mehr gäbe. Die Diskrepanz zwischen persönlichem und politischem Interesse zeigte sich auch bei der Frage nach dem persönlichen Bezug zum Haus der Kulturen der Welt. Keiner der Befragten konnte einen persönlichen Bezug zum Haus der Kulturen der Welt herstellen, obwohl z.B. ein Interviewter sagte, dass das Verbindende in Berlin die verschieden Kulturen seien.

Für die Befragten ist das Haus ein Symbol für Berlin, und das soll es auch bleiben. Es wird nicht als Veranstaltungsort wahrgenommen, weil die Interviewten es nicht zu diesem machen. Einige haben gesagt, dass sie durch das Interview dazu angeregt worden seien, das Programm zu studieren und das Haus zu besuchen. Es ist sicherlich nicht im Interesse des Haus der Kulturen der Welt, nur ein Symbol zu sein.

Die Erfahrung, dass die eigene Kultur nicht die einzig wahre ist, diese Erfahrung kann nur persönlich gemacht werden. Das Haus der Kulturen der Welt kann ein solcher Ort sein, von dem Denkanstösse ausgehen können, über den Weg der persönlichen Erfahrung. Aber wie, wenn die Berliner das Haus der Kulturen der Welt nicht als Veranstaltungsort, sondern als Symbol auffassen?

Mir ist ebenfalls aufgefallen, dass in den Bezirksämtern der Außenbezirke keine Programmhefte des Haus der Kulturen der Welt auslagen, in Friedrichshain lagen jedoch Programmhefte aus.

Es bleibt die Frage, warum die persönliche Begegnung mit anderen Kulturen weder im Alltag noch als Programm im Bewusstsein der Befragten ist.

Ich denke nicht, dass dies am Haus der Kulturen der Welt liegt. Die Diskrepanz zwischen politisch Korrektem und persönlichem Handeln wird das Haus der Kulturen der Welt besonders zu spüren bekommen, denn es ist meine persönliche Entscheidung, ob ich in meiner Freizeit ins Haus der Kulturen der Welt gehe – oder nicht. Und das ist doch auch in Ordnung. Nun stellt sich die Frage, ob das Haus der Kulturen der Welt als Veranstaltungsort wie jeder andere wahrgenommen werden will. Ich denke, das will es, aber das tut es nicht, und das liegt nicht am Haus der Kulturen der Welt, sondern an der Auffassung und Meinung des Einzelnen. Hinzu kommt vielleicht noch eine Idee von Kultur als »Ding«, und nicht als Gelebtes.

Leute aus Kulturbereichen haben gesagt, das Haus der Kulturen der Welt bekomme viel Geld – ich weiß nicht, ob das wirklich wahr ist, das müssten wir überprüfen, vielleicht spricht da auch der Neid ...

Das Haus der Kulturen der Welt steckt in einer Doppelrolle, die verzwickt ist. Als Symbol gerne genommen, aber aktiv nicht so gerne... Es wäre interessant, die Meinung des Hauses dazu zu hören.

»Was der Bauer nicht kennt«

Das »Fremde« scheint von vielen nur im »Glaskastens«, wie es in Völkerkundemuseen der Fall ist, betrachtet werden zu wollen. Genau um die andere Art des Kontakts geht es im Haus der Kulturen der Welt.

Trotz dem das Haus der Kulturen der Welt es schafft, fremde Kultur auf eine spannende Art zu vermitteln, ist das Haus nicht als potentieller Veranstaltungsort im Bewusstsein der Leute. Es gehört zwar zu Berlin, wird aber zur Gestaltung der eigenen Freizeit nicht in Betracht gezogen.

Das Haus gilt als Institution Berlins, als »symbolisches Wahrzeichen« (Interviewpartner Nr. 8), ohne es zwingend je betreten zu haben. Ein Phänomen, das auch auf den Fernsehturm oder das Brandenburger Tor zutrifft.

Gleichzeitig bleibt das Bedürfnis bestehen, solch ein Haus in Berlin zu haben, scheinbar, um dem politischen Verständnis von Kultur Rechnung zu tragen:»Es sollte weiterhin ein Haus mit solchen Funktionen in Berlin geben.« (Interviewpartner Nr. 1) Doch nicht, um persönlich an dem selbst geforderten Kulturaustausch teilzunehmen.

Diese Diskrepanz findet sich in dem Begriff wieder, mit dem diese Leute den Charakter des Hauses beschreiben: Es ist eine »Institution« und kein »Veranstaltungsort«.

Zum Großteil wurden dann auch dem Haus geraten, mehr »deutsche« und »Berliner« Kultur in das Programm mit aufzunehmen, um so den Charakter des gleichwertigen Dialogs zu unterstreichen.

Kultur ist sehr stark abhängig vom persönlichen Umfeld. Dies wird besonders deutlich in einer stark ausdifferenzierten Gesellschaft wie es die deutsche ist. In der Bandbreite der Freizeitangebote schlägt sich nicht nur die unterschiedlichen Interessen einer Subkultur, sondern auch die Zahl der Subkulturen.

Das persönliche Motiv der Besucher ist persönliches Interesse, der Bezug und die Lust dazu. Es geht also um Empfindungen, um den Geschmack. Punkte, die in der Sozialisation ausgeprägt sehr stark vom persönlichen Umfeld abhängen und damit schwer zu beeinflussen.

Interesse für »das Fremde« zu wecken und einen Bezug für die potentiellen Gäste herzustellen ist für das Haus der Kulturen der Welt die Hauptaufgabe.

Fazit

Das Haus der Kulturen der Welt wird als Symbol geschätzt. Es wird als wichtig eingestuft, dass es in Berlin einen Ort gibt, an dem verschiedene Kulturen vorgestellt werden. Der persönliche Nutzen ist aber leider gering und wird auch als gering eingeschätzt. Man zählt sich persönlich nicht zum Zielpublikum des HKW.

Eine Verbindung zwischen der im Haus der Kulturen der Welt präsentierten »fremden« Kultur und der eigenen Kultur kann nicht hergestellt werden, auch nicht über die Ebene »Berlin«, oder »Ich als Berliner«. So werden Berührungsmöglichkeiten mit anderen Kulturen leider nur als »Symbol für Berlin« gewertet.

Wir sind uns sicher, dass das Haus der Kulturen der Welt den Standort Berlin nicht ausreichend einbezieht. Berlin ist eine Art Biotop für das Zusammenleben verschiedener Kulturen. Aus dem alltäglichen Zusammenleben entstehen die zeitgenössischen Themen. Sie liegen quasi vor der Haustüre. Die persönliche Begegnung mit der fremden Kultur gehört zu unserem Alltag. Das Alltägliche als Ausgangspunkt für eine Weltreise zu nehmen, und auch so wahrgenommen zu werden, das wäre ein Symbol für Berlin.

Auswertung der Studentenbefragung

Simona Bifolco, Agita Duwe, Romy Eifert, Thomas Mathar

Einleitung

Um ein Gegengewicht zu den Meinungen aus Politik und öffentlichem Dienst zu gewinnen, hat unsere Arbeitsgruppe Studenten verschiedener Kulturwissenschaften befragt.

Insgesamt haben wir im Zeitraum von November bis Dezember 2005 37 Interviews an verschiedenen Hochschulen (Freie Universität Berlin, Humboldt Universität, Universität der Künste) durchgeführt. Wie die anderen Gruppen auch, haben wir dafür einen teilstandardisierten Fragebogen benutzt, damit auch weiterführende Dialoge zwischen dem Interviewer und dem Befragten entstehen konnten.

Methode der Auswertung

Für die Auswertung der übergreifenden Fragestellung, wie das Haus der Kulturen der Welt in der Öffentlichkeit wahrgenommen wird, schien uns vor allem folgende Polarisierung ertragreich: Auf der einen Seite steht der individuelle Nutzen, den die Befragten aus dem Haus ziehen können, auf der anderen Seite die gesellschaftliche Bedeutung des Hauses.

Mit dieser Gegenüberstellung konnten wir die Interviews in vier Hauptgruppen einordnen:

41% der Studenten sahen beide Komponenten erfüllt, fühlten sich also persönlich vom Programm angesprochen und schrieben dem Haus der Kulturen der Welt eine gesellschaftliche Bedeutung zu. Als Gründe wurden angeführt:

-Einzigartigkeit
-institutionelle Möglichkeit
-Plattform

Auswertung der Studentenbefragung

-Vielfalt
-Erweiterung des Horizonts

38% sprachen dem Haus der Kulturen der Welt zwar durchaus eine gesellschaftliche Relevanz zu, nutzen aber das Angebot des Hauses persönlich nicht. Gründe waren:

-Schlechte Kommunikation/Vermittlung nach außen
-das Angebot/Programm reizt nicht (insbesondere neben anderen kulturellen Möglichkeiten in Berlin)

16% der Studenten sehen im Haus der Kulturen der Welt weder eine persönliche noch eine gesellschaftliche Bereicherung. Als Hauptgründe wurden angegeben:

-Konzeptlosigkeit
-keine Plattform für ausländische Künstler, die in Deutschland leben
- Ausgrenzung
-Spaltung der Kulturen
-eingeschränkter Horizont
-Vernachlässigung der deutschen Kultur

5% der Befragten äußerten, dass sie das Angebot des Hauses der Kulturen der Welt zwar persönlich bereichert, sie allerdings bezweifeln, dass auch andere einen derart großen Nutzen daraus ziehen. Das Programm sei nur Menschen mit ausgeprägt spezialisiertem Interesse zugänglich.

Als bestätigendes Ergebnis kann man zunächst festhalten, dass die eindeutig positiv gestimmte Gruppe (bei der beide Komponenten zutreffen) gut doppelt so groß ist wie die eindeutig negativ gestimmte (die auf beiden Ebenen keinen Nutzen im Haus sieht).
    Interessant ist aber vor allem die zweite Gruppe. Wie schon bei den Auswertungen der Politikerinterviews erstaunt hier die Diskrepanz zwischen dem gesellschaftlichen Nutzen, der dem Haus der Kulturen zugeschrieben wird, und dem gleichzeitig fehlenden persönlichen Interesse.

Aufgaben des Hauses der Kulturen der Welt

Trotz dieser angewendeten und aufschlussreichen Kategorisierung sind die Urteile über das Haus der Kulturen sehr breit gefächert. Dieser Befund deckt sich mit dem Kritikpunkt der Konzeptlosigkeit, der aus dieser Vielfalt als eine Konstante heraussticht.

Eine weitere übergreifende Forderung betrifft vor allem die Kommunikationsstrukturen, und zwar auf mehreren Ebenen:

Die Vermittlung nach außen werbe einerseits zu wenig um den Einzelnen und andererseits mit einem nicht nachvollziehbaren Programm. Das Haus der Kulturen der Welt suche nicht genug Dialog mit seinem potentiellen Publikum (den Berlinern). Kommunikation fehle auch inhaltlich, es wird mehr interkultureller Austausch in der Programmgestaltung gefordert. Die Beteiligung an öffentlichen Diskursen fehle – es wird also Kommunikation auch auf politischer Ebene gewünscht.

Festzuhalten bleibt, dass die deutliche Mehrheit (84%) von der Bedeutung und Aktualität des Hauses der Kulturen der Welt überzeugt ist. Die wichtige Aufgabe besteht jetzt darin, ein Konzept zu vermitteln, dass dieses Wissen nicht in der Abstraktion stehen lässt, sondern in individuelle Neugier umwandelt.

Statistische Auswertung der Befragung

Agita Duwe und Romy Eifert

Einleitung

Der für die Studie von allen Gruppen benutzte Fragebogen enthielt zwei geschlossene, statistisch auswertbare Fragen, die von den Befragten erstens eine Bewertung der Eigenschaften des Programms des HKW und zweitens eine Beurteilung des HKW als Veranstaltungsort erforderten.

Zu jeder Frage wurden 14 Adjektive zusammengestellt, die dann als mehr oder weniger zutreffend benotet werden sollten. Die Interviewpartner konnten dabei eine Bewertung zwischen -2 und +2 abgeben. Insgesamt wurden 52 Personen befragt.

Bewertung des Programms im Haus der Kulturen der Welt

Die erste Frage (»Mit welchen Eigenschaften sind Ihrer Ansicht nach das Programm/die Veranstaltungen im Haus der Kulturen der Welt treffend beschrieben?«) brachte folgende Ergebnisse ein:

Die Begriffe ATTRAKTIV, VIELSEITIG, WELTOFFEN und POLITISCH AKTUELL werden als eindeutig zutreffend bewertet.

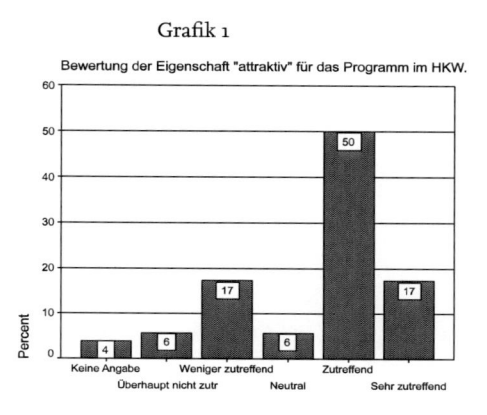

Grafik 1

Bewertung der Eigenschaft "attraktiv" für das Programm im HKW.

Statistische Auswertung der Befragung

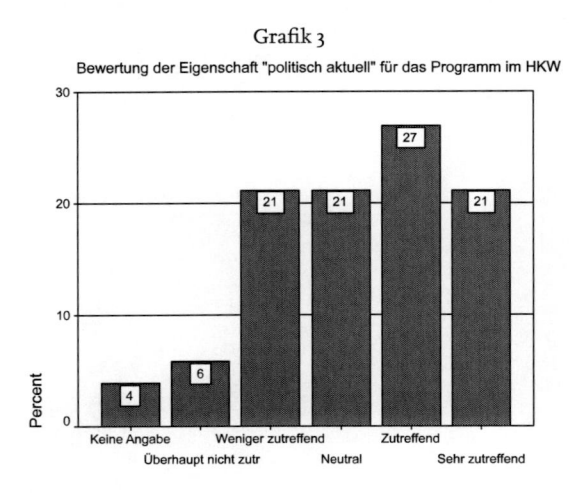

Die Hälfte der Befragten bewertet die Eigenschaft ATTRAKTIV für das Programm im HKW als zutreffend, 17 % sogar als sehr zutreffend.

Grafik 2

Bewertung der Eigenschaft "vielseitig" für das Programm im HKW

Die Eigenschaft VIELSEITIG wird von fast 80 % der Befragten als zutreffend oder sehr zutreffend für das Programm im HKW betrachtet.

Grafik 3

Bewertung der Eigenschaft "politisch aktuell" für das Programm im HKW

Auch für die Eigenschaft POLITISCH AKTUELL kann eine positive Tendenz der Bewertungen erkannt werden. 27 % der Befragten bewerten diese Eigenschaft als zutreffend, 21 % sogar als sehr zutreffend. Gleichzeitig ist aber der hohe Anteil der Befragten nicht zu vernachlässigen, die keine Bewertung abgeben konnten.

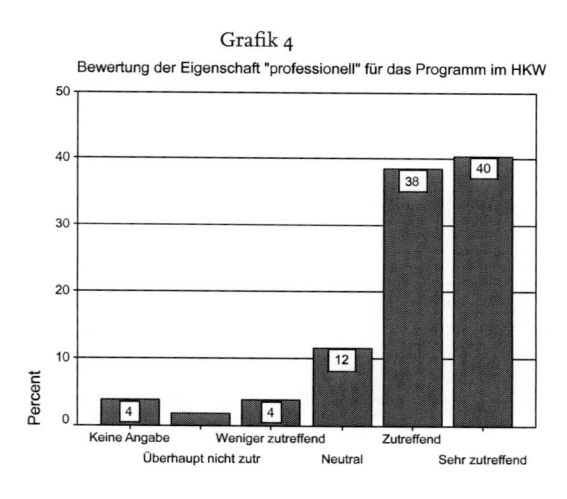

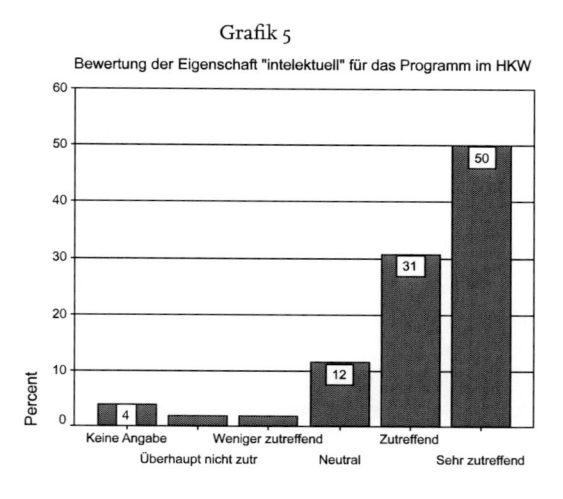

Grafik 4
Bewertung der Eigenschaft "professionell" für das Programm im HKW

Kategorie	Prozent
Keine Angabe	4
Überhaupt nicht zutr	1
Weniger zutreffend	4
Neutral	12
Zutreffend	38
Sehr zutreffend	40

Grafik 5
Bewertung der Eigenschaft "intelektuell" für das Programm im HKW

Kategorie	Prozent
Keine Angabe	4
Überhaupt nicht zutr	1
Weniger zutreffend	1
Neutral	12
Zutreffend	31
Sehr zutreffend	50

Statistische Auswertung der Befragung

Ebenso wird das Programm mit den Begriffen PROFESSIONELL und IN-TELLEKTUELL beschrieben (siehe Grafik 4 und 5).

Mit diesem Ergebnis kann man gleich zwei Befunde der bisherigen Auswertungen bestätigen. Erstens, es spiegelt sich deutlich wieder, dass das Programm nicht nur als interessant, sondern sogar als politisch relevant angesehen wird. Das stützt die These, dass dem Haus der Kulturen der Welt eine gewisse gesellschaftliche Bedeutung zugesprochen wird, sagt allerdings nichts darüber aus, ob oder wie das Besucherverhalten dieser Bedeutung entspricht.

Zweitens, in den Adjektiven professionell und intellektuell klingt der Vorwurf des Spezialistenprogramms an, der an anderer Stelle schon mit dem Begriff »Glaskasten« umschrieben wurde.

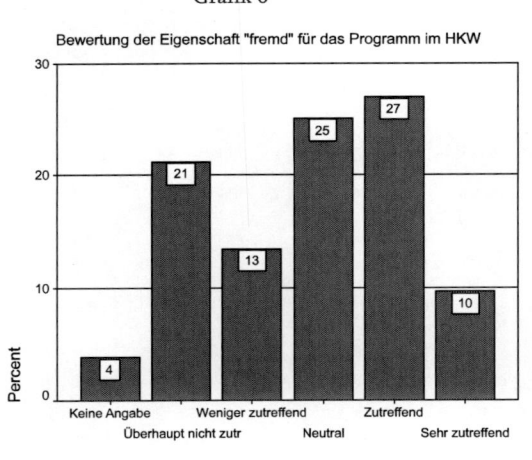

Grafik 6

Bewertung der Eigenschaft "fremd" für das Programm im HKW

Für die Eigenschaften FREMD, SKURRIL, ELITÄR und AVANTGARDISTISCH kann keine eindeutige Bewertungstendenz erkannt werden.
Dass diese sehr polarisierenden Begriffe kein eindeutiges Ergebnis liefern, zeigt, wie stark das Bild vom Haus der Kulturen der Welt in der Öffentlichkeit divergiert, wie wir auch schon in den anderen Auswertungen festgestellt haben.

Statistische Auswertung der Befragung

Grafik 7

Bewertung der Eigenschaft "avantgardistisch" für das Programm im HKW

Grafik 8

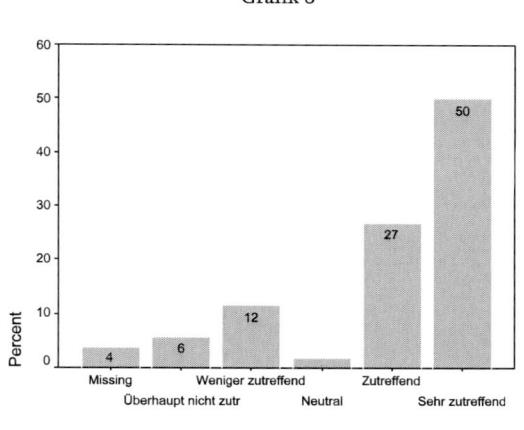

Bewertung der Eigenschaft "unkonventionelle Bauweise"

Die Bauweise des Hauses der Kulturen der Welt wird von den meisten Befragten als unkonventionell betrachtet. 27 % der Befragten bewerten diese Eigenschaft für das HKW als Veranstaltungsort als zutreffend, die Hälfte der Befragten sogar als sehr zutreffend.

Statistische Auswertung der Befragung

Die Bewertung des HKW als Veranstaltungsort

Die zweite Frage (»Wie erleben Sie das Haus der Kulturen der Welt als Veranstaltungsort?«) ergab folgende Ergebnisse:
Die INTERNATIONALITÄT des Publikums, der KünstlerInnen und der MitarbeiterInnen wurde mehrheitlich bestätigt. Außerdem als zutreffend wurden die Begriffe UNKONVENTIONELLE BAUWEISE, REPRÄSENTATIV und GUT GEPFLEGT eingestuft.

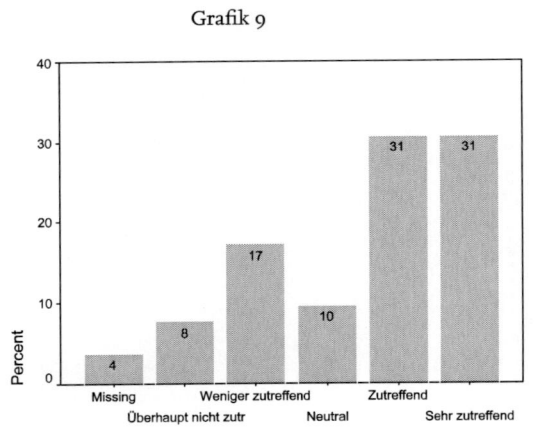

Grafik 9

Bewertung der Eigenschaft "repräsentativ"

Das HKW als Veranstaltungsort wird von 62 % der Befragten als repräsentativ bewertet.

Neben diesen durchaus positiven Wertungen wurde auch der Begriff STILL als Beschreibung bestätigt. Fast 80 % der Befragten bewerteten dieses Adjektiv als zutreffend oder sehr zutreffend für das Haus der Kulturen der Welt als Veranstaltungsort. Dieses Adjektiv ist unserer Meinung nach im Blick auf die Außenwahrnehmung des Hauses der Kulturen der Welt kennzeichnend.

Statistische Auswertung der Befragung

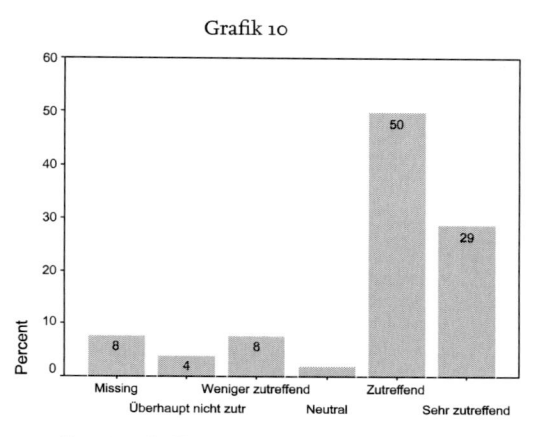

Grafik 10

Bewertung der Eigenschaft "still"

Begriffe, die noch schärfer in diese Richtung weisen (ABWEISEND, MUFFIG), wurden jedoch als nicht zutreffend bewertet.

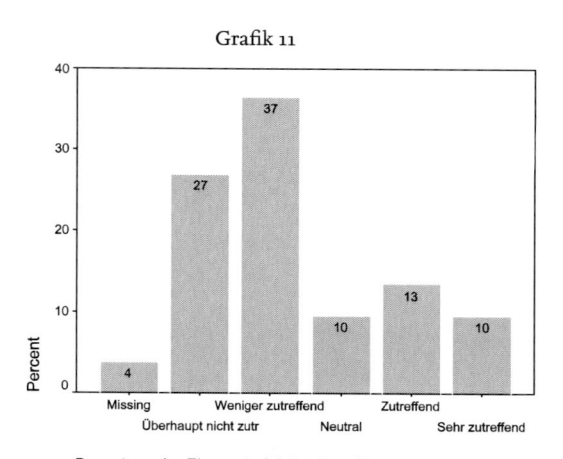

Grafik 11

Bewertung der Eiganschaft "abweisend"

Das HKW als Veranstaltungsort wirkt für den größten Teil der Befragten als nicht abweisend. 64 % der Befragten bewerten dieses Adjektiv als we-

Statistische Auswertung der Befragung

niger zutreffend oder überhaupt nicht zutreffend für das Haus der Kulturen der Welt.
Auch die Adjektive KALT und STERIL brachten keine eindeutigen Ergebnisse.

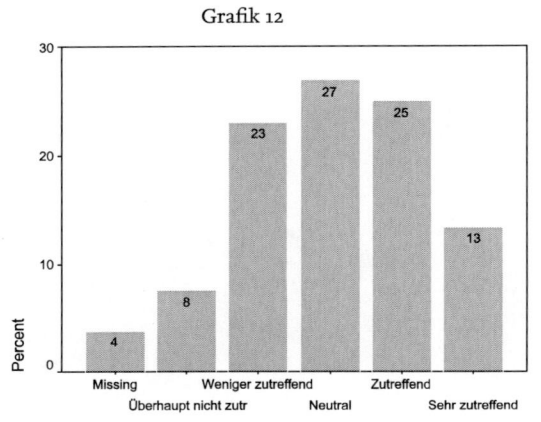

Grafik 12

Bewertung der Eigenschaft "gute Orientierung"

Die Bewertungen für die Eigenschaft »gute Orientierung« für das HKW als Veranstaltungsort können in zwei Meinungspole eingeteilt werden: Während 38 % der Befragten die Orientierung im HKW als gut wahrnehmen, finden 31 % der Befragten die Orientierung im HKW nicht gut.

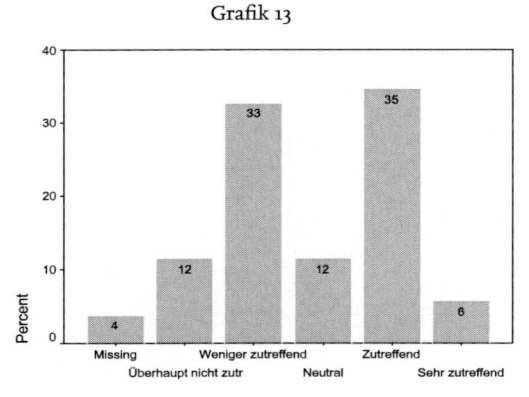

Grafik 13

Bewertung der Eigenschaft "kalt"

Statistische Auswertung der Befragung

Auch für die Eigenschaft »kalt« kann keine Bewertungstendenz abgeleitet werden. Während 41 % der Befragten das HKW als kalt empfinden, bewerten 45 % der Befragten die Eigenschaft »kalt« für das HKW als Veranstaltungsort als nicht zutreffend.
Ein ähnliches Ergebnis finden wir auch für das Adjektiv »steril«.

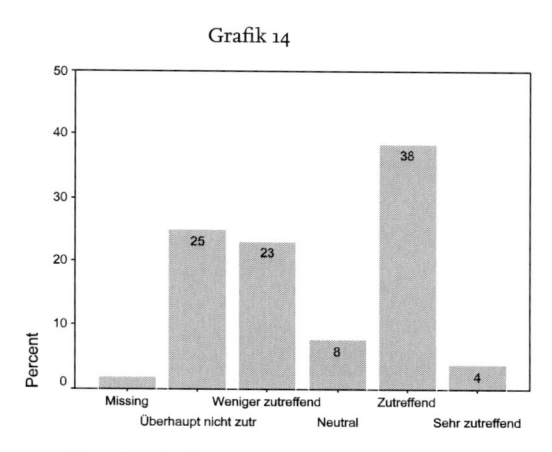

Grafik 14

Bewertung der Eigenschaft "steril"

Dieses breit gefächerte Ergebnis bei Bewertungskriterien des Veranstaltungsortes selber kann mit den sehr individuellen Bedingungen und Bedürfnissen, die jeder Besucher mitbringt, zusammenhängen.

Zusammenfassend kann man sagen, dass vor allem die Frage nach dem Programm Ergebnisse geliefert hat, die einige Punkte unserer Auswertungen der offenen Fragen statistisch belegen. Noch einmal herausheben möchten wir die Tatsache, dass das Programm eindeutig als attraktiv gewertet wurde, und zwar mit dem Hinweis darauf, dass diese Bewertung von Menschen kommt, die trotzdem durchschnittlich eher selten eine Veranstaltung im Haus der Kulturen der Welt besuchen.
Bei der Bewertung des Veranstaltungsortes hebt sich besonders die Zuschreibung »still« heraus. Die Vielfältigkeit des farbenfrohen Programms des Hauses der Kulturen der Welt und diese Stille des Ortes stehen in einem merkwürdigen Kontrast zueinander. Und obwohl sich das Adjektiv

Statistische Auswertung der Befragung

nur auf das Haus selbst bezieht, fühlt man sich an die Forderung nach mehr – also »lautstärkerer« – Kommunikation erinnert.

Literatur

Bhabha, Homi K. (1994): The Location of Culture, London/New York, Routledge.

Bohnsack, Ralf (2003): Rekonstruktive Sozialforschung. Einführung in qualitative Methoden, Opladen.

Bolten, Jürgen (2001): Interkulturelle Kompetenz, Erfurt.

Bourdieu, Pierre (1987): Sozialer Sinn. Kritik der theoretischen Vernunft, Frankfurt a.M.

Bourdieu, Pierre (1991): Die Intellektuellen und die Macht, Hamburg.

Bourdieu, Pierre (2001): Meditationen. Zur Kritik der scholastischen Vernunft, Frankfurt a.M.

Bundesregierung (Hg.) (2005a): Bericht der Bundesregierung zur Auswärtigen Kulturpolitik 2004, Berlin 10.08.2005. (gefunden in: http://cms.ifa.de/fileadmin/content/informationsforum/auswaertiges_amt/AuswaertigeKulturpolitik2004.pdf)

Bundestag (Hg.) (2005): Drucksache 15/5627, 15. Wahlperiode, Zukunft des Hauses der Kulturen der Welt, Berlin, 20.06.2005. (gefunden in: www.deutscher-kulturrat.de/dokumente/puk/puk2005/puk05-05.pdf, 20.11.2005.)

Coenen, Günther (1999): Das Abenteuer Aufbruch. Die ersten Jahre des Hauses der Kulturen der Welt, In: HKW (Hg.), 10 Jahre HKW, Berlin, S.7-9.

Eckhardt, Ulrich (1999): Neue Horizonte. Das Haus der Kulturen der Welt und der Blick auf andere Kulturen, In: HKW (Hg.), 10 Jahre HKW, Berlin, S.11-14.

Flick, Uwe/ Kardoff, Ernst/ Keupp, Heiner (Hg.) (1995): Handbuch qualitative Sozialforschung. Grundlagen, Konzepte, Methoden und Anwendungen, Weinheim.

Froschauer, Ulrike/ Lüger, Manfred (1998): Das qualitative Interview zur Analyse sozialer Systeme, Wien.
Haustein, Lydia (1999): Mitstreiter für eine neue Kulturwissenschaft. 10Jahre globale Veränderungen – 10 Jahre Haus der Kulturen der Welt, In: HKW (Hg.), 10 Jahre HKW, Berlin, S.25-28.

Hopf, Christel (1995): Qualitative Interviews in der Sozialforschung. Ein Überblick, In: Flick, Uwe/ Kardoff, Ernst/ Keupp, Heiner (Hg.) (1995), Handbuch qualitative Sozialforschung. Grundlagen, Konzepte, Methoden und Anwendungen, Weinheim.

Knopp, Hans-Georg (1999): Repräsentanz internationaler Entwicklungen im Innern. Neuorientierungen im internationalen Kulturdialog, In: HKW (Hg.), 10 Jahre HKW, Berlin, S.19-24.

Kromrey, Helmut (2000): Empirische Sozialforschung, Opladen.

Mayring, Philipp (1988): Qualitative Inhaltsanalyse, Weinheim.

Mouffe, Chantal (1992): Dimensions of Radical Democracy, London.

Röbke, Thomas/ Wagner, Bernd (1997): Interkultureller Dialog – eine Herausforderung für die Kulturpolitik, In: Kulturpolitische Gesellschaft e.V. (Hg.), Interkultureller Dialog, Essen, S.79-109.

Scherer, Bernd-M. (1999): Netzwerke – Laboratorien der Zukunft. Produktive Differenzen und kreative Lösungen, In: HKW (Hg.), 10 Jahre HKW, Berlin, S.37-40.

Schreyögg, Georg (1999): Organisation. Grundlagen moderner Organisationsgestaltung. Mit Fallstudien, Wiesbaden.

Singer, Otto (2004): Der Deutsche Bundestag und die Auswärtige Kulturpolitik, Wissenschaftliche Dienste des Deutschen Bundestages, WF X –

075/04, Deutscher Bundestag, Berlin (gefuden in: www.bundestag.de/bic/analysen/2004/2004_10_11a.pdf, 28.01.2006.).

HKW (1999a): 10 Jahre HKW, Berlin.

HKW (Hg.) (1999b): HKW 1989 bis 1999, Berlin.

HKW (Hg.) (2004): HKW - Pressemitteilung, Berlin, 09.08.2004.

HKW (Hg.) (2005): HKW – Pressemitteilung,Berlin, 25.01.2005.

HKW (Hg.) (2006): HKW - Pressemitteilung, Berlin, 22.01.2006.

Webseiten

www.auswaertiges-amt.de

Auswärtiges Amt (2005):
www.auswaertiges-amt.de/www/de/aussenpolitik/kulturpolitik/kunsmedien_html, 14.11.2005.

www.bundesregierung.de

Bundesregierung (2005a):
www.bundesregierung.de/Regierung/-,4562/Beauftragte-fuer-Kultur-und-Me.htm, 14.11.2005.

Bundesregierung (2005b): www.bundesregierung.de/Bundesregierung/Beauftragte-fuer-Kultur-und-Me-,11946/Aufgaben-und-Ziele.htm, 14.11.2005.

Bundesregierung (2005c): www.bundesregierung.de/Bundesregierung/Beauftragte-fuer-Kultur-und-Me-,9342/Kulturstiftung-des-Bundes.htm, 14.11.2005.

Literatur

Bundesregierung (2005d): www.bundesregierung.de/Bundesregierung/Beauftragte-fuer-Kultur-und-Me-,9989/Kultur-in-Europa.htm, 14.11.2005.

www.goethe.de

Goethe (2006):
www.goethe.de/uun/auz/gru/deindex.htm#17, 23.01.2006.

www.hkw.de

HKW (2005b):
www.hkw.de/de_1/hkw/selbstdarstellung/2.php, 14.11.2005.

HKW (2005c): www.hkw.de/de/hkw/gebauede/ort_geschichte/1989_gruendung_hkw/1989. php, 14.11.2005.

HKW (2005d):
www.hkw.de/de/hkw/organisation/organisation.php, 11.10.2004.

www.kbberlin.de

KBB (2006):
www.kbberlin.de/index_org_ztr.htm, 26.01.2006.

www.kulturstiftung-des-bundes.de

Welt (2006):
www.welt.de/data/2006/01/02/825631.html, 23.01.2006.

Über die Autorinnen und Autoren

Ishtar Aljibiri

Wenn man sich selbst kennt, lernt man die anderen kennen.

Agita Duwe

studiert Soziologie an der Freien Universität Berlin.
Interessenschwerpunkte: Vergleichende Kultursoziologie, Soziologie ethnischer Minderheiten, Integrations- und Transformationsprozesse mit dem regionalen Fokus auf Mittel- und Osteuropa, quantitative und qualitative Forschungsmethoden.

Natacha Euloge

Magister Studium der Indischen Kunstgeschichte/ Soziologie/ Geschichte und Gesellschaft Südasiens.
Mich interessiert das Leben vor der eigenen Haustüre genauso wie das Leben an fernen Orten. Ich habe bemerkt, wie voll gepackt ich mit Vorstellungen über andere Kulturen bin – und wie einfach es ist, diese starren Bilder durch eigene Erlebnisse zu verändern. Das Leben ist ein dynamischer Prozess. Diesem will ich mich gerade als angehende Wissenschaftlerin immer wieder stellen.

Yana Heussen

Ich studiere Soziologie auf Diplom mit den Beifächern Psychologie und Biologie. Mich fasziniert die Vielfalt der Lebensweisen des Menschen, die an immer mehr Orten aufeinandertrifft und Zwischenformen hervorbringt, wie in Berlin. Das Interesse für kontinuierlichen Austausch mit dem fremden Nachbarn zeigt sich auf vielen Ebenen. Doch gehört es zu einer bedrohten und deswegen schützenswerten Haltung, die essentiell für die Entwicklung eine friedlichen Lebensform an den Kreuzungspunkten der Kulturen ist.

Liese Hoffmann

ist Studentin der Afrikawissenschaften an der Humboldt Universität zu Berlin und der Islamwissenschaften und Soziologie an der Freien Universität, Berlin. Zur Zeit arbeitet sie als studentische Hilfskraft am Zentrum Moderner Orient, Berlin.

Laura Kraus

studiert Theaterwissenschaft, Philosophie und Betriebswirtschaftslehre. Außerdem ist sie als Forschungsstudentin im Internationalen Graduiertenkolleg »InterArt /Interart Studies« beschäftigt und arbeitet seit mehreren Jahren als freie PR-Journalistin.

Sebastian Krauß

studiert an der Freien Universität Berlin Soziologie auf Diplom. Seine Schwerpunkte sind Kultursoziologie und die Theorie der Gesellschaft.

Edna Linsen

studiert seit 2002 an der Freien Universität Berlin Soziologie mit Publizistik und Psychologie im Nebenfach. Ihr Schwerpunkt ist die Kultursoziologie. Zur Zeit schreibt sie Ihre Diplomarbeit zum Thema: »Die Matrix der bürgerlichen Gesellschaft – Ein Hollywoodfilm im Kontext der Frankfurter Schule«.

Aliaksei Melnikau

Jg. 1977, Studium der Geschichte und Kultur Osteuropas mit Schwerpunkten Polen und Russland, Studium der Soziologie und Philosophie an der Freien Universität Berlin.

David Scheller

Jg. 1979, studiert Soziologie, Politikwissenschaften und Psychologie mit dem Schwerpunkt Kulturtheorien und Postkoloniale Konstellationen an der FU Berlin. Momentan arbeitet er an seiner Diplomarbeit zum Thema: Kultur und Hegemonie - Zur diskursiven Produktion kultureller Konflikte. Außerdem ist er derzeit als Leiter der Rubrik Kulturtheorien beteiligt an der Redaktion von „Eiskraut und Sauerbein - Magazin für Kunst und Leben zwischen den Kulturen".

Solveig Weller

Jg. 1974, Studium der Soziologie mit Schwerpunkt Arbeit und Organisation, Betriebswirtschaftslehre und Psychologie an der Freien Universität Berlin.

Madlen Werner

Jg. 1982, Studium der Soziologie mit Schwerpunkt Kultur- und Entwicklungssoziologie, Neuere Geschichte und Voderasiatischer Altertumskunde an der Freien Universität Berlin.

Elisa Wolff

studiert Soziologie im Nebenfach mit dem Schwerpunkt Organisationsentwicklung. Ihr Hauptfach ist Geschichte.

Anhang

Interviewleitfaden »Zur Dramaturgie des Hauses der Kulturen der Welt«

Vor Beginn:
Erläutern des Forschungsinteresses und des methodischen Vorgehens.
Frage nach der Genehmigung einer Tonbandaufnahme.

1. Position der/des Interviewten im HKW

Einstiegsfrage:
Was ist Ihre Aufgabe im Haus der Kulturen der Welt?
Erzählen Sie bitte über Ihren Arbeitsalltag?
Mögliche Zusatzfragen (berufsbiographischer Hintergrund):
Seit wann sind Sie im Haus der Kulturen der Welt?
Können Sie bitte über Ihren bisherigen Laufbahn ein bisschen erzählen?
Erzählen Sie doch mal, wie Sie hierher gekommen sind?

2. Erläuterung des Prozesses der Programmgestaltung durch den/die Interviewte/n

Wie kommt aus Ihrer Sicht das Programm zustande?
Wie kann man sich den Entstehungs- und Durchführungsprozess vorstellen?
Konkrete Nachfrage zu »About Beauty«:
Wie ist das Projekt »About Beauty« entstanden?
Wer hatte die Idee dazu?
Wie kam es zur Umsetzung?
Was sind die Leitlinien der HKW-Arbeit? Sehen Sie diese im Programm verwirklicht?

Anhang

3. Spezifizieren der Arbeitssituation

Welches der bisherigen Projekte fanden Sie am besten?
Was hat Ihnen am meisten Spaß bereitet?
Können Sie diese bitte mit »About Beauty« vergleichen?
Was ist daran anders?
Welches Projekt kann Ihrer Meinung nach als gescheitert gelten?
Was waren Ihrer Meinung nach die Ursachen dafür?

4. Kritik und Verbesserungsvorschläge

Könnte man die Etatkürzungen für das Misslingen von Projekten schuldig heißen?
Nein, erzählen Sie lieber, wie die letzten Mittelkürzungen für Sie zu spüren sind?
Oder, was sind die Auswirkungen auf Ihre Arbeit?
Was würden Sie ändern, angenommen, Sie hätten dazu freie Hände?
Was wünschen Sie sich von einer neuen Intendanz?

Zum Abschluss:
Raum für Fragen, die während des Gesprächs entstanden sind.
Gezieltes Nachfragen und Vertiefen nur angerissener Themen.
Erklärung, wie mit dem gewonnenen Material weiter verfahren wird.

Dimensionen

Kulturpolitik	Organisation	Programmgestaltung	Kommunikation
Vermittlungs-ansprüche	Bereich	Zustandekommen eines Projektes	Formen interner Kommunikation
Kulturbegriff	Stellung	Ideensammlung	Formen externer Kommunikation
Zielgruppen	Aufgabe	Kuratorenwahl	Einflussnahme
	Struktur	Themenbestimmung	Entscheidungs-findung
	Kooperation	Themenentwicklung/ Konzeption	Resonanz/Wert-schätzung

	Konkurrenz	Durchführung	
Selbstverständnis	Selbstverständnis	Selbstverständnis	Selbstverständnis
Status	Status	Status	Status
Weltverständnis (Rassismus/ Gender)	Weltverständnis (Rassismus/ Gender)	Weltverständnis (Rassismus/Gender)	Weltverständnis (Rassismus/ Gender)
Kritik	Kritik	Kritik	Kritik
Verbesserungs- vorschläge	Verbesserungs- vorschläge	Verbesserungs- vorschläge	Verbesserungs- vorschläge
Finanzierung	Finanzierung	Finanzierung	Finanzierung

Besucherstatistik

Quelle:
Deutscher Bundestag (2005): Zukunft des Hauses der Kulturen der Welt. Drucksache 15/5627. Antwort der Bundesregierung auf die Kleine Anfrage der Abgeordneten Günter Nooke, Bernd Neumann (Bremen), Renate Blank, weiterer Abgeordneter und der Fraktion der CDU/CSU

Jahr	Veranstaltung	Besucher
2002	475	117.888
2003	419	123.289
2004	440	126.110
2005 (Januar bis Mai)	257	rund 75.000